연출가연극과 드라마투르기

재현에서 재의미화로

연출가연극과 드라마투르기

재현에서 재의미화로

초판 1쇄 인쇄 · 2023년 8월 20일
초판 1쇄 발행 · 2023년 8월 28일

지은이 · 이인순
펴낸이 · 한봉숙
펴낸곳 · 푸른사상사

주간 · 맹문재 | 편집 · 지순이 | 교정 · 김수란, 노현정 | 마케팅 · 한정규
등록 · 1999년 7월 8일 제2-2876호
주소 · 경기도 파주시 회동길 337-16 푸른사상사
대표전화 · 031) 955-9111(2) | 팩시밀리 · 031) 955-9114
이메일 · prun21c@hanmail.net
홈페이지 · http://www.prun21c.com

ⓒ 이인순, 2023

ISBN 979-11-308-2083-5   93680
값 20,000원

이 저서는 2020년 대한민국 교육부와 한국연구재단의 지원을 받아 수행된
연구임. (NRF-2020S1A5B5A17090363)

연극이론총서 9

재현에서
재의미화로

연출가연극과 드라마투르기

이 인 순

REGIETHEATER
UND
DRAMATURGIE

푸른사상
PRUNSASANG

현대연극의 '현대'를 묻다

어느 매체가 연극만큼 역사가 깊을까. 그런 까닭에 새로운 시대에 새로운 매체가 출현하면 연극은 늘 실존적 위기를 만난다. 더욱이 코로나19 팬데믹이라는 비대면을 요구하는 뜻밖의 시대에서는 배우와 관객이 직접 대면하는 연극은 그 자체로 위기였다. 그런데 이 비대면의 세상은 아이러니하게도 대면을 그리워하는 시간은 아니었을까. 비대면에 적합한 매체들은, 마치 전자책이 종이책을, 온라인 채팅이 차한잔을 두고 나누는 담소를 대신할 수 없듯이, 감각적이고 육체적인 연극과 대비되었고, 연극의 존재 방식을 그립게 했다. 디지털 시대에 연극의 그 올드한 존재 방식이 오히려 여전한 연극의 매력과 위치를 부여하는 것은 아닐까.

이 책은 20세기 전환기에 태동해서 그 전반부를 차지하는 유럽의 '현대연극(Modern Theater)'의 '현대(modern)'가 어떤 내용을 담고 있는가를 질문한다. 드라마와 연극 앞에 '현대'라는 단어가 붙을 때, 현대 드라마와 현대연극의 시작은 같은가? 아니면 다른가? 페터 손디(Peter

Szondi, 1929~1971)는 그의 저서 『현대 드라마의 이론(*Theorie des modernen Dramas, 1880-1950*)』(Frankfurt am Main, 1963)에서 입센, 체호프, 스트린드베리, 메테를링크, 하우프트만의 작품들이 전통적인 드라마의 위기를 보여준다고 했다. 드라마가 인간 상호 간의 관계 재현을 대화를 통해 구축하고 있다면, 이들이 보여주는 드라마의 위기는 극문학의 대화 형식을 벗어나며 서사문학의 서사적인 것으로 향한다는 것이다. 그렇다면 '현대연극'은 이러한 형식 변화에 나선 현대 드라마에서 기인했는가? 아니면 독자적인 변화였는가? 그러니까 '현대연극'의 '현대'가 무엇으로 규정될 수 있는가? 라는 질문에서 이 책은 출발한다.

먼저 **제1장 '모던(modern)'의 의미**에서는 서구의 단어 'modern'이 언제부터 어떻게 쓰였는지를 추적했다. 이 단어는 6세기 이래로 건축과 삶, 문학에서 나타난다. 이러한 역사를 따라가며, 특히 드라마에서 자신들의 예술 이념을 '모던'이라 일컫던 낭만주의, 사실주의, 자연주의 드라마의 각기 다른 '모던'의 내용을 살펴보고, 그리고 모더니즘의 '모던'의 의미와 그 내용을 찾아보았다.

제2장 현대연극의 '모던': 현상과 그 미학들은 유럽 '현대연극'의 풍경을 담았다. 유럽 '현대연극'의 현상과 미학은 다양성 그 자체다. 그러니 내용 또한 당연히 방대하다. 그 탓에 '현대연극'의 '현대'가 쉽게 통관(通觀)되거나 규명되지 않으므로 필자는 그것이 가능하도록 현대의 다양성의 현상과 미학의 특징 및 핵심을 추출하고자 했다. 그 서술

의 범위를 현대연극의 '현대'를 잉태한 19세기 중반 바그너와 니체의 영향에서부터 19세기 말의 상징주의 연극, 20세기 초와 전반기의 양식무대, 축제연극, 정치연극, 표현주의 연극, 역사적 아방가르드의 반연극까지로 설정했다. 즉 20세기 전반부까지 지속하는 현대연극의 현대성에 주목했다. 현대연극은 20세기 후반기의 포스트모던과 21세기 동시대 연극에서도 여전히 이어지고 변주된다. 그러므로 현대연극에 대한 지식과 이해는 오늘날 진행되는 연극의 이해와 향유를 위해서도 그 토대가 된다.

제3장은 현대연극의 주요 특징인 **연출가연극과 드라마투르기**를 다루었다. 연출가연극은 문학의 재현에서 해방되어 연극의 자율성을 주장하며 나타난 현상이다. 이를 독일어권에서 '레지테아터(Regietheater)'라고 하는데, 문자텍스트를 기반으로 하는 언어 중심의 언어연극을 말한다. 독일어권 연극의 동의어로 세계적으로 쓰이는[1] '레지테아터'는 작가의 권위 아래 있는 작가연극이나 배우예술이 연극을 이끄는 배우연극과 구별된다. '레지테아터'는 직역하면 연출연극인데 그동안 우리에겐 연출가연극으로 번역되어왔다. 그러니까 '레지테아터'는 드라마나 문학, 배우가 아닌 연출이 우위에 있는 연극, 곧 연출가가 하나의 예술작품인 연극의 창작자로 부상하는 연극을 지칭한다.

---

1 Andreas Englhart, *Das Theater der Gegenwart*, C.H.Beck.oHG, München, 2013, p.11.

독일어권의 연극은 영국, 미국, 프랑스 연극에 비해 공공 지원금에 힘입어 드라마와 연극에서 가장 많이 아방가르드적 길을 낸다. 카이저, 브레히트, 페터 한트케, 하이너 뮐러, 엘프리데 옐리니크, 르네 폴레쉬, 롤란트 시멜페니히 등 작가들의 새로운 드라마 시도와 표현주의 연극, 다큐멘터리 연극, 서사극, 뉴다큐멘터리 연극, 포스트드라마 연극, 포스트 서사극 등 새로운 연극의 시도가 그 예다. 현재 독일 뮌헨대 연극학과 교수인 안드레아스 엥글하르트(Andreas Englhart)는 자신의 책 『동시대의 연극(*Das Theater der Gegenwart*)』(München, 2013)[2]에서 "독일어권의 레지테아터가 현재 희곡과 공연 사이의 긴장 관계를 특별히 펼쳐내고 또는 그것을 미학적으로 열매 맺는다."[3]라고 전하며, 레지테아터의 역사적 맥락에서 1960년대 이후의 동시대 연극을 소개한다. 그는 동시대의 연극이 큰 범주의 레지테아터이며, 그 범주는 "창조적인 연출연극(kreatives Regietheater)"과 "급진적인 연출가연극(radikales Regisseurstheater)"으로 나뉜다고 보았다.[4] 전자는 전통적인 레지테아터로 문자텍스트에 연출가의 새로운 해석과 수정을 통해 활성화한 연극이며, 후자는 전통적인 레지테아터에서 문자텍스트의 모습은 작아지고 텍스트, 배우 등 무대 위 모든 것이 매체적인 차원에서 재료가 되

---

2 이 책의 국내 번역서는 원제목과는 다른 제목으로 출간되었다. 안드레아스 엥글하르트, 『post'60 현대독일연극』, 이경미 역, 연극과인간, 2017.

3 Andreas Englhart, *Das Theater der Gegenwart*, München, 2013, p.10.

4 ibid., p.7.

어 연출가의 나를 드러내고, "상연하는 무대는 연출가의 투사면으로 이해"되는 연극이다.[5] 이 책이 다루는 연출가연극은, 엥글하르트의 분류에 따르면, 전통적인 레지테아터에 해당한다.

연출가연극이 대두하기 전까지 유럽 연극은 문학이 연극 중심에 있었고, 연극의 목적은 문학의 무대 위 재현이었다. 이때의 연극은 재현적 드라마투르기에 있었다. 그러나 20세기 전환기의 유럽 연극은 문학 재현의 위기를 맞는다. 그 위기는 드라마투르기를 재현에서 재의미화로 변화하게 한다. 이러한 변화의 지점에 있는 연출가연극은 드라마투르기를 발전시킨다. 독일 연극학자 헤닝 리쉬비터(Henning Rischbieter, 1927~2013)는 연출가연극과 함께 극장에 드라마투르기 분과와 직업으로서의 드라마투르그가 증가하는 숫자로 이를 전한다.

그럼 재현의 위기를 오게 한 것은 무엇일까? 제3장은 먼저 드라마투르기의 개념과 역할, 영역을 살펴보고, 드라마와 연극의 재현적 드라마투르기의 역사를 따라간 다음, 재현미학의 위기를 가져온 것은 무엇이며, 그 현상과 결과는 무엇인지, 그리고 재현적 드라마투르기에서 재의미화의 드라마투르기로 넘어간 연출가연극이 추구하는 바는 어떤 미학적 가치를 지니는지 찾아보았다.

---

5 ibid., p.13. 2011년 3월 '페스티벌 봄'에서 초대한 르네 폴레쉬(René Pollesch)의 〈망상의 사회적 맥락이여, 당신의 눈동자에 건배!(Ich schau dir in die Augen, gesellschaftlicher Verblendungszusammenhang!)〉를 그 예로 들 수 있다.

오늘날의 연극은 전통적인 연극, 텍스트를 벗어버린 퍼포먼스, 포스트드라마 연극, 뉴다큐멘터리 연극, 포스트 서사극, 이머시브(immersive) 연극 등 동시적인 다양성을 보인다. 그 가운데 고대비극과 희극, 괴테, 셰익스피어, 몰리에르 등의 고전 텍스트는 여전히 동시대의 무대로 복귀하며 연극과의 긴장 관계를 이어간다. 그런 점에서 **제4장 고전 드라마의 재의미화**는 고전 드라마의 공연과 희곡 텍스트를 드라마투르기적인 관점에서 다루었다. 특히 특정 연출가의 관점과 미학이 드라마투르기를 통해 어떻게 나타나고 있는가를 탐색했다. 작품으로는 우리에게도 잘 알려진 독일 연출가 막스 라인하르트와 베르톨트 브레히트의 작품을 실례로 했다. 전자는 공연 〈파우스트 I〉(잘츠부르크, 1933)이며, 후자는 희곡 텍스트 〈코리올란〉(1952)이다.

연출가와 작품을 간략하게 소개하자면, 막스 라인하르트는 베를린에서 1905년 1월 셰익스피어의 〈한여름 밤의 꿈〉을 새로운 해석으로 무대 위에 올렸는데, 이 공연은 연극사적 전환점이 되었다. 관객들은 처음으로 연출가를 연극을 주조하는 힘으로 인식했고, 라인하르트는 이렇게 연출가연극의 길을 연 연출가였다. 그는 또 2020년 기준으로 백 년의 역사를 자랑하는 잘츠부르크 축제를 1920년에 출발하게 한 인물이며, 〈파우스트 I〉 공연은 그의 연극미학 아래 잘츠부르크 축제의 목적을 잘 살린 공연이라는 평가를 받는 작품이다.

그리고 베르톨트 브레히트는 우리에게 서사극의 창시자로 잘 알려진 인물로 시인, 극작가, 연극이론가, 영화제작자 등 전방위적으로 활약한 예술가다. 2차 세계대전 후 동독으로 이주하여 '베를린 앙상블'을 창단하고, 고전 작품에 관심을 기울이며 물색하던 중 셰익스피어의 〈코리올레이너스〉를 개작했다. 1952년 말 초고가 완성되었으나 '베를린 앙상블'의 공연은 성사되지 못한 채 희곡 텍스트로만 남아 있다. 브레히트의 개작 〈코리올란〉은 헤겔의 변증법적이고 마르크스의 유물론적인 과정으로서의 역사, 곧 역사는 계급의 이해관계에서 이루어진다는 것을 보여주는 정치적 접근의 텍스트이다.

필자가 쓰는 내내 부족한 능력을 마주해야 했던 이 책의 시작은 한국연구재단의 지원으로 연구논문을 쓰는 것이었다. 논문에서 책으로 그 방향을 바꾸어 내놓는 부족한 결과물이지만, 그럼에도 가족의 이해와 지원이 있었기에 가능한 일이었다. 가족 외에도 집필 과정에 도움을 주신 분들에게 깊은 감사를 드린다. 필자의 바람이 있다면, 이 책이 연극전공자와 연극실천가들, 연극을 사랑하거나 관심을 주는 관객과 독자들에게 '현대연극'에 대한 이해를 전할 수 있기를 기대한다.

2023년 7월
이인순

차례

제1장

'모던'의 의미

'모던'의 의미

antiqui-moderni

서구의 단어 '모던(modern)'은 약 1,500년의 역사를 지녔다. "새로운 세계에 대한 후기 라틴어의 유산 중 하나"[1]인 'modernus'가 그 어원이다. 이것은 중세에서 두 가지 의미로 쓰였다. 첫째는 '전(前)'과 대립되는 '현재'를 뜻하고, 둘째는 '오래된 또는 낡은'과 대립되는 '새로운'을 의미한다. 'modern'이 '전(前)'과 구분되는 고유한 시기 '현재'로 지칭되기 시작한 것은 6세기 로마의 정치가이며 학자인 카시오도로스(Cassiodorus, 480~583)가 정신적 현상과 건축에 관련해서 'antiqui-moderni'라는 반대 개념을 사용했을 때부터이다. 중세 유럽의 정신세

---

1   E.R. Curtius, *Europäische Literatur und lateinisches Mittelalter*, Bern, 1948, p.259.

계를 지배했던 스콜라학파는 11, 12세기와 14, 15세기 사이에 활동한 기독교 작가들을 그리스·로마 작가들과 구분하여 'modern'이라고 했다. 이후 중세를 지나 등장한 휴머니즘과 르네상스도 'modern'이었다.

그리고 17세기 말 프랑스에서 일어난 '신구문학 논쟁(Querelle des Anciens et des modernes)' 또한 고대 문학과 당대 문학에 관한, 곧 옛것(old)과 새로운 것(new)의 가치와 의미를 두고 대립한 논쟁이었다. 전통에 충실하고자 한 고대 문학자들은 고대 문학을 보편적 가치에 있는 모델로 간주했고, 고유 의식을 주창하는 당대 문학 지지자들은 "코페르니쿠스와 데카르트 이후 새 시대의 학문과 철학이 만든 진보 사상"[2] 위에 'modern'의 개념을 구축했다. 이렇게 'modern'은 'antic(고대)'과 구분되는 고유한 시기를 가리켰다.

삶의 사회적 변혁

서구 역사에서 새 시대는 항상 인간의 새로운 자의식이 함께했다. 새 시대의 시작은 전통과 대립되는 혁명적인 'modern'으로 파악되었다. 즉 삶의 영역에서 사회적 변혁을 의미했다. 14세기 르네상스는 중세의 신 중심적인 전통적 사고에서 인간 중심으로 변화한 새 시대 'modern'이었으며, 18세기 계몽주의는 르네상스 이래 교회의 세력이

---

2   E. R. Curtius, *Europäische Literatur und lateinisches Mittelalter*, Bern, 1948, p.259.

약화되면서 세속화되고, 이성화와 시민계급의 해방, 그리고 학문의 상승 등 인간 교육을 지향한 사회 전반적인 변화 운동에 있는 새 시대로서의 'modern'이었다. 독일의 19세기 포메르츠(Vormärz, 1848년 3월 혁명 전 시기)는 사회 변혁을 향한 열망으로 가득 찼는데, 이 시기의 'modern'은 "시대에 맞는 또는 현재에 중요하며 활동 중인 것(das Aktuelle)"을 의미했다.[3] 이처럼 서구 역사에서의 'modern'은 르네상스 이후로 "무엇보다도 우주적으로 모든 삶의 영역을 포함하는 운동"[4]이었다. 삶 영역에서의 'modern'은 이후 낭만주의 문학을 시작으로 사실주의, 자연주의의 문학적이며 예술적인 방향들의 총체적 개념을 위한 표기로도 사용되었다.

낭만주의의 '모던'

르네상스 이후로 시민계급이 이끄는 새로운 경제 질서는 기존의 제도들을 변화시켰다. 이것은 마침내 예술가들에게 봉건제의 귀족들과 종교적 기관들로부터 해방을 가져올 수 있었고, 주관적이고 실험적인 예술로의 발전을 가능케 하는 자유를 허락했다. 그리하여 예술가들은 익명의 관객들을 의지하여 개인적이고 예술가적인 독자성을 표현

---

3 *Brockhaus*, Die Enzyklopädie in 24 Bde. 15 Bd. Leipzig/Mannheim, 2001, p.15.
4 ibid., p.16.

하기에 이르렀다. 18세기 독일 극작가이자 철학가 실러(Friedrich Schiller, 1759~1805)는 문학 잡지 『라인 지방의 탈리아(*Rheinische Thalia*)』(1784)[5]의 창간을 알리면서, 작가로서 자신은 어떤 영주를 섬기지 않고 관객을 그의 유일한 지지자로 보는 세계시민으로서 쓰며, 작가로서의 의무는 인간 영혼에 호소하는 것이라고 했다. 예술가들의 개인성(Persönlichkeit)과 그의 창조적 자유를 높이는 것은 1790년대부터 1840년대까지 전개된 낭만주의(romanticism)에서 그 정점을 찍었다.

규범적 예술관으로부터의 해방은 낭만주의자들에게 고대의 권위를 통해 보증된 보편적 판단 기준과의 이별을 의미했고, 이것은 새로운 변화 가능성의 영역에 "현대성(Modernität)과 자주성(Eigenständigkeit), 독창성(Originalität)"의 상상적 공간을 내주었다. 그러므로 낭만주의자들에게 예술은 "새로운 방식의, 드문, 실로 낯선 상상"과 연결된 것이었다.[6] 곧 어느 시대와도 비교할 수 없는 유일하고 고유한 그들의 시대와 예술이 '모던(modern)'이었고, 'modern'은 낭만적인 것과 동일한 의미였다. 낭만주의는 특히 두 나라, 독일과 프랑스에서 중요 이론과 작품들을 생산했다.

낭만주의는 독일 철학자 피히테(Johann Gottlieb Fichte, 1762~1814)의 주

---

5 탈리아(Thalia)는 그리스 신화의 뮤즈(문예 · 학술의 아홉 여신) 중 하나로 희극의 여신이다.

6 Dieter Borchmeyer, Viktor Zmegac(Hg.), *Moderne Literatur in Grundbegriffen*, 2. Aufl. Tübingen, 1994, p.280.

관적인 이상주의에서 발아했다. 그의 철학은 고전주의의 높은 성곽에 반대하는 문학이론적인 씨앗을 심었다. 피히테의 스승인 칸트는 인간의 직관 형식에 따라 "사물 자체(Ding an sich)"는 다만 현상으로 파악할 수 있다고 함으로써 객체와 객체를 파악하는 주체로 분리했다. 그러나 피히테는 그의 저서 『학문학(Wissenschaftslehre)』(1794~1795)에서 주체에 모든 권력을 주었고, 하여 절대적 나(das absolute Ich)는 모든 존재를 규정한다고 했다. 이렇게 칸트의 객관과 주관의 분리를 극복하려고 했다. 1794년 이래 피히테는 예나대학에서 주관적 이상주의를 가르쳤고, 이것은 의식의 자주성에 관한 그의 주장과 함께 초기 낭만주의자들을 열광시켰다. 그리하여 그들은 현실보다 우월한 정신, 환상, 시적 창조력에 경배하며, 외적 세계와 의식의 경계를 없애고자 했다. 그들에게 낭만적인 것은 "탈경계성(Entgrenzung)"[7]이었다.

낭만주의 예술과 드라마 이론에 독일의 문학이론가 슐레겔 형제가 있다. 동생 프리드리히 슐레겔(Friedrich Schlegel, 1771~1829)은 1798년 낭만주의를 다음과 같이 규명했다.

> 낭만적인 시(Poesie)는 진보하는(되어가는) 보편적인 시(Universal-poesie)다. 그것의 사명은 시의 모든 분리된 장르들을 다시 하나가 되게 하는 것과 시가 철학과 수사학과 교제하는 것이다. 낭만적인 시는

---

7   Kurt Rothmann, *Kleine Geschichte der deutschen Literatur*, 5. Aufl. Stuttgart(Reclam), 1982, p.137.

역시 시와 산문을, 천재성과 비판력을, 예술시와 자연시를 곧 섞을 것
이고, 곧 용해할 것이며, 시는 살아 있고 사교적이게 그리고 삶과 사
회는 시적으로 만들 것이다. […] 낭만적인 시가 홀로 자유로우며, 그
첫째 법칙으로 시인의 자유의지가 자신 위에 어떤 법칙도 억압으로
두지 않는 것을 인정하는 것과 같이, 낭만적인 시는 홀로 무한하다.[8]

드라마 영역에서 프리드리히 슐레겔의 "보편적인 시(Universalpoesie)"
개념이 고대와 고전주의의 결별, 그리고 서로 다른 문학 장르들과 시
와 산문의 융합이 있는 혼합형식의 지향에 있었다면, 형 아우구스트
빌헬름 슐레겔(August Wilhelm Schlegel, 1767~1845)은 대립되는 비극과 희
극의 혼합인 비희극을 낭만주의 시대정신에 가장 적합한 드라마 형
식이라 보는 비희극론에 이르렀다.[9] 그리고 형 슐레겔은 역사적인 소
재를 우선으로 두었고, 동생 슐레겔은 신화적인 드라마 창조를 주장
했다. 그럼에도 슐레겔 형제는 셰익스피어를 "모던의 전형적인 대표
자"[10], 곧 낭만주의의 모델로 보는 데에는 일치했다. 그러나 그들의 이

---

8   ibid., p.136 재인용.

9   형 슐레겔의 비희극론은 피히테를 잇는 독일 철학자 셸링과 함께 한다. 셸링
     (Schelling, 1775~1854)은 1802년 예나대학의 예술철학강의(Vorlesung über die
     Philosophie der Kunst)에서 "대립된 것의 혼합은, 즉 우선적으로 비극과 희극
     자체의, 모던 드라마에 원칙(als Prinzip dem modernen Drama)으로 놓여 있다."
     Theaterlexikon, Manfred Brauneck u. Gérard Schneilin(Hg.) Reinbek bei Hamburg,
     3. Aufl. 1992, p.802.

10   ibid.

론에 기대될 만한 중요한 독일 낭만주의 비희극은 나오지 않았고, 공연이 불가한 레제드라마(Lesedrama, 읽는 희곡)들이 생산되었다.

프랑스에서는 낭만주의 이론을 각인시킨 빅토르 위고(Victor Hugo, 1802~1885)가 있다. 그의 희곡 〈크롬웰〉(1827) 서문에도 낭만주의 모델로서의 셰익스피어와 그의 드라마가 혼합 형식으로서 언급되었다.

> 우리들은 모던한 시대에 시적 최고점에 있다. 셰익스피어는 드라마이다. 그리고 드라마는 그로테스크와 숭고함, 무시무시한 것과 우스꽝스러운 것, 비극과 희극을 똑같은 호흡으로 융합한 것이며, 현재 문학의 […] 표지이다.[11]

낭만주의 드라마가 비극과 희극의 고전적인 분리를 극복하고자 하는 것은 인간의 이중성 곧 희극적인 몸과 비극적인 영혼을 동시에 묘사하려는 것으로, 낭만주의자들은 이것을 인간 존재의 진실로 보았다. 그들은 고전 드라마의 장소와 시간의 일치를 무시했고, 평면적인 현실을 재현하려고 하지 않았다. 그러므로 낭만주의 드라마는 "일상적인 형상과 사건들이 아닌, 비상한 행위들과 영웅들, 인류 운명을 인상적으로 대표하는 인물들"[12]을 필요로 했으며, 또 서정적인 성격에서 감상적인 멜로드라마와 잘 짜인 희곡(well-made play)도 생산했다.

---

11 ibid., p.803 재인용.
12 ibid.

사실주의의 '모던'

리얼리즘(realism)의 어원은 라틴어 'res'로 외부세계의 물체, 사건, 사항 등을 뜻한다. 철학에서 리얼리즘은 사물의 실재성(reality)을 주장하는 입장을 통칭한다. 서양 철학에 지대한 영향을 준 플라톤(Platon, B.C.428/7~347/8)은 무엇이 실재냐를 체험적 현실이나 현상이 아닌 그너머 이데아에 있다고 보았다. 이 플라톤의 실재론(Platonic realism)을 반박하는 리얼리즘 논쟁은 13세기에 중세 스콜라 철학의 '실재론(實在論)'과 유명론자들의 '유명론(唯名論, normalism)' 사이에서 일어났다. 전자는 구현되는 개별적 사물에 관계없이 보편적 개념(Universals)[13]을 실재로 보았고, 후자는 개별적 사물만이 참된 실재이며 사고에 의한 추상적 개념이나 말(nom)은 단지 '물(物) 뒤에 있는 이름(nomina post res)'에 불과한 개념일 뿐이라고 했다. 이 논쟁 이후 스콜라 철학의 실재론은 관념론으로, 유명론은 유물론과 실증주의로 전승되었다.

1830년에서 1880년까지 프랑스에서 출현한 19세기 리얼리즘은 유물론과 실증주의로 나타난 미학이다. 이 미학적 경향은 예술과 현실의 관계에서 현실을 객관적으로 충실히 모사 · 재현하려고 한다. 당대

---

13 "보편은 실재성을 가지고 개별적 사물에 앞서 존재한다"는 스콜라 철학에서 보편이란 '개별적 사물'에 대한 것이다. 즉 "소크라테스는 인간이다"에서 개별적 사물은 소크라테스이고 보편은 인간이다.

는 프랑스의 철학자 오귀스트 콩트(Auguste Comte, 1798~1857)의 실증주의, 영국의 생물학자 찰스 다윈(Charles Darwin, 1809~1882)의 진화론, 독일의 경제학자 칼 마르크스(Karl Marx, 1818~1883)의 유물론적인 역사관, 그리고 프랑스의 역사가 이폴리트 텐(Hippolyte Taine, 1828~1893)의 환경론이 시대정신이었다.

이 유물론적이고 실증주의적인 시대정신을 대략 살펴보면, 콩트의 실증주의(實證主義, Positivismus)는 모든 형이상학적 사변(思辨)을 거부하며, 오직 '실증적(positiv)'으로 주어진 사실들만을 인식의 출발점으로 유효하다고 보았다. 여기서 '실증적'이란 실제로 볼 수 있고, 실제로 들을 수 있으며, 실제로 만질 수 있는 것을 의미한다. 다윈은 진화론에서 모든 개체는 실존적 투쟁에서 돌연변이가 생겨나고, 그 개체들 가운데 종(種)의 생존에 적합한 자연도태와 성도태가 일어난다고 설명했다. 이전 철학에서 헤겔(Georg Wilhelm Friedrich Hegel, 1770~1831)은 인간을 이끌어가는 것이 신적(神的) 이성이며, 또 쇼펜하우어(Arthur Schopenhauer, 1788~1860)는 그것은 눈먼 인간의 의지라고 했다면, 칼 마르크스는 이러한 관념론을 이탈하여 유물론적인 역사관에서 그것은 물질적인 관계들이며 인류의 역사는 계급투쟁의 역사라고 했다. 그리고 이폴리트 텐의 환경론은 모든 인간은 유전과 역사, 환경에 의해 규정되므로 인간은 도덕적으로 완전한 책임이 없다고 설명했다.[14]

---

14 Kurt Rothmann, op.cit., p.177, Anm. 9.

이러한 유전적, 환경적 결정론은 입센(Henrik Ibsen, 1828~1906)의 〈유령〉(1881)이나 스트린드베리(August Strindberg, 1849~1912)의 〈미스 줄리〉(1888) 등 자연주의 드라마의 인간관으로 이어졌다.

문학에서의 용어 리얼리즘은 1826년 프랑스에서 발행된 잡지『프랑스 전령(le Mercure francais)』에 처음으로 등장했다. 이 잡지는 리얼리즘 문학을 진실의 문학이며, 그 원칙은 자연의 충실한 모방이라고 소개했다. 낭만주의의 관념적, 추상적, 환상적, 비현실적, 주관적 경향과는 반대되는 자연의 충실한 모방은 아리스토텔레스의 모방(Mimesis) 개념을 복구시켰다. 그러나 아리스토텔레스와 19세기 사실주의의 미메시스 개념에는 차이가 있다. 전자의 것이 현실의 충실한 모방으로 제한되지 않고 실제보다 자유로운 모방이라면, 후자는 "현실의 대상에 완전히 일치한다고 판단되는 이미지"[15]의 모방이었다. 사실주의 문학은 스탕달(Stendhal), 발자크(Balzac), 플로베르(Flaubert), 공쿠르(Goncourt) 형제 등 "사회의 명확한 풍속도에 관심을 가진 소설가들"[16]에게서 비롯되었다.

이처럼 사실주의 문학은 당대 시민사회와 생활, 그리고 시민적인 사고에 깊이 관계했다. 1877년 노르웨이 작가 헨리크 입센의 〈사회의 기둥(Pillars of Society)〉은 당대의 사회문제들을 다루면서 사실주의 희곡

---

15 빠트리스 파비스, 『연극학 사전』, 신현숙 · 윤학로 역, 현대미학사, 1999, 208쪽.
16 위의 책, 같은 곳.

의 출발을 알렸다. 사실주의 희곡은 실제 현실의 관찰을 통해 실증할 수 있는 시민 생활의 관습적이고 일상적인 것, 인간 심리의 추이, 그리고 사적이며 비영웅적인 평범한 인물들을 묘사하려고 했다. 당대의 시민적인 사실성으로 현실의 진실을 구축하려는 사실주의 희곡은 연극에서 삶을 완벽하게 재생하는 무대를 목표로 했고, 연기는 일상처럼 자연스러워야 했으며, 대사 또한 "실생활에서 사용하는 바로 그 평범한 언어"[17]를 사용했다. 이처럼 사실주의 연극은 실제 같은 인생의 단면을 그려내고자 했다. 문제적 시민사회의 현실 재현의 목표는 현실의 변혁, 즉 이상적인 시민사회 건설에 있었다.

독일 문학사에서는 특히 1850년에서 1890년까지의 기간을 '시민적 사실주의(bürgerlicher Realismus)' 혹은 '시적 사실주의(poetischer Realismus)'로 자주 명명한다. '시민적' 또는 '시적'이라는 형용사를 붙인 사실주의는 현실의 비참한 순간을 완화하기 위해 미학적으로 창작하는 것에 대해 열려 있는 사실주의를 말한다. 다시 말해, 전(前) 시대에는 아름다움을 하나의 객관적 가치로 간주했다면, 이 시민적 또는 시적 사실주의는 작가가 유머 또는 대상에 아름다움을 부여함으로써 현실의 비참한 순간을 완화했다. 이것은 사실주의와 곧이어 등장하는 자연주의 간에 있는 본질의 차이다. 자연주의는 객관으로서의 실제와 주체 사

---

17 1883년에 루시 울프에게 보낸 입센의 편지. J.L.Styan, 『근대극의 이론과 실제 1』, 원재길 역, 문학과비평사, 1988, 16쪽.

이의 화해를 전면 없애고 있기 때문이다. 그리고 자연주의 희곡은 현실 변혁을 기대할 수 없는 데서 태동한다.

자연주의의 '모던'

프랑스의 사실주의는 소설가 에밀 졸라(Emile Zola, 1840~1902)에 의해 자연주의로 이행된다. 그는 소설을 과학적으로 탐구하는 임상 실험실로 간주하며, 자연주의 문학이론의 초안을 잡았다. 1877년 플로베르, 공쿠르 형제, 졸라 등 '자연주의파(école naturaliste)'가 공식 선언되었고, 이들은 외부 세계인 자연을 관찰하고 그 법칙을 연구하는 자연과학과 같은 방식으로 인간과 사회, 예술을 과학화하고자 했다. 자연주의 (naturalism) 문학은 1880년에서 1900년 사이에 안착했다.[18]

졸라는 『실험소설론(*Le Roman expérimental*)』(1880)에서 실험적인 의학에 자신의 문학적 방향을 설정하며 자연주의 운동을 선도했다. 이렇게 과학화에 있는 자연주의는 주관적이거나 임의적인 예술을 거부하고, 객관적인 모방의 예술을 추구했다. 주관적, 임의적 예술이 환상의 능

---

18 18세기 철학은 프랑스 철학자 루소의 "자연으로 돌아가라(Zurück zur Natur)" 를 자연주의로 명명했다. 18세기의 자연주의가 예술가를 순진한 자연인으로 요구했다면, 19세기 후반의 자연주의는 자연을 관찰하는 전문가로서의 예술가 를 요구했다.

력, 즉 "실제의 모든 경험과 개연성의 법칙을 넘어서는"[19] 데서 출발한다면, 객관적 모방의 예술은 "현실의 증명할 만한 법칙에 엄격하게 방향을 맞춘 정신 상태"[20]인 비판적 오성(悟性)에서 출발한다. 자연주의가 객관적 모방의 예술이라는 점은 사실주의와 같다. 그러나 자연주의는, 이상적인 환상에서 아름다움이 특권으로 자리할 때, 자신의 자리를 부여받지 못했던 추함, 조야함에 자리를 마련해주는 것이 사실주의와 다르다. 자연주의는 "일상의 실제, 모던한 현실을 온전한 비참함 안에서"[21] 객관적으로 모방한다. 그리고 일원론적인 자연과학의 모델에 방향을 맞춤으로써 예술과 학문을 동일 법칙 아래 두었다.

> 모든 자연법칙은 물리적 세계에서 역학적인 진행들을 규정하고, 역시 모든 정신적인 진행들과 현상들도 확정하고 있기에, 그래서 예술 역시 정확하게 역학적 세계와 같이 같은 법칙 아래 종속되어 있다.[22]

자연주의는 이러한 역학적 물리학과 또 다윈의 생물학적인 진화론에 기초한, "물질적으로 결정된 미학"[23]이었다. 그런고로 자연주의

---

19   Dieter Borchmeyer, Viktor Zmegac(Hg.), op.cit., p.310.

20   ibid., p.310f.

21   ibid., p.311.

22   Alberti, *Die Gesellschaft*, 1889. ibid., p.311 재인용.

23   ibid., p.312.

예술은 인간을 인종, 유전, 환경, 시대 등 주어진 상황에서 결정지어진, 숙명적인 존재로 그린다. 그 예로 입센의 사실주의 희곡 〈인형의 집〉(1879)은 가정과 사회에서의 여성 문제를 다루고 있지만, 이미 자연주의 인간관을 드러낸다. 주인공 노라가 몰래 한 일이 드러났을 때 남편 헬메르가 그녀에게 하는 말이 그렇다. "당신 아버지의 그 경솔한 성격을…… 당신이 그것을 모조리 이어받았단 말이야. 종교도, 도덕도, 책임감도 없는……"[24]. 그리고 아버지의 병이 유전된 인물, 젊은 의사 랑크도 있다. 희곡 〈유령〉(1881)에서는 자연주의 인간관이 제목에서부터 전해진다. 주인공 알빙 부인은 아버지로부터 아들을 보호하려는 자신의 그간 노력에도 불구하고 오스왈드가 아버지의 유전에서 자유로울 수 없다는 것을 인지한 후, 그 숙명적인 인간의 삶에 대해 다음과 같이 절망적으로 토로한다.

> 그러나 사람이란 누구나 정도의 차이는 있을망정 다 같이 유령이라는 생각이 들어요. 어머니 아버지로부터 유전해 받은 것이 우리들에게 붙어 있다는 것뿐이 아니에요. 여러 가지 낡아 없어진 일이나, 또 여러 가지 터무니없는 생각들이 붙어 다닌단 말이에요. 그런 것이 우리 몸속에서 살고 있는 것은 아니지만, 우리들에게 붙어 다녀서 떼어 버릴 수가 없어요. […] 지구 위에 가득히 유령이 살고 있는 거지요. 바닷가의 모래알만큼이나 많을 거예요. 그래서 사람들은 그렇게

---

24 H. 입센, 『인형의 집 · 유령』, 김종빈 역, 삼중당, 1992, 117쪽.

도 햇빛을 싫어하는 거예요.[25]

　자연주의 예술은 합리성, 인과성, 결정론(숙명론)에 속박되고, 자연주의 연극은 그런 현실에서 부자유한 인간을 모방할 뿐, 숙명적인 인간에게서 현실 변혁을 기대하거나 요구할 수가 없다.

　자연과학에서 세워진 자연주의 미학은 "예술의 과학화"[26], "미메시스의 급진화", 그리고 "순간 양식(Sekundenstil)"을 요구했다.[27] 첫째, '예술의 과학화'는 예술의 과제가 "선험적인(a priori) 관념이 실험적인 탐구에 근거한 경험적(a posteriori) 해석으로 변화"[28]하는 데 있다. 둘째, '미메시스의 급진화'는 예술과 자연의 동일성을 이상적인 목표로 세운다는 의미이다. 이것은 자연주의 세계를 "오직 모던"[29]이라고 한 독일 작가 아르노 홀츠(Arno Holz, 1863~1929)의 유명한 수학적 자연과학 공식에서 이해된다. 그는 자연주의 예술을 "예술(Kunst)=자연(Natur) − X"라는 공식으로 설명했다. 즉 예술가가 예술과 자연의 차이를 줄이기 위해서는 X를 가능한 최소로 사용해야 한다는 것인데, 이때 X는 예술적 도구이며 예술가의 주관적인 취급을 가리킨다. 그리고 셋째,

---

25　위의 책, 189쪽.

26　Dieter Borchmeyer, Viktor Zmegac(Hg.), op.cit., p.312.

27　ibid., p.316.

28　ibid., p.312.

29　Kurt Rothmann, op.cit., p.203 재인용.

'순간 양식'은 마침내 자연주의 예술이 순간의 예술로 간주되고, 그 방식은 순간의 움직임을 포착하는, 곧 느린 동작을 보여주는 영화의 고속 촬영 기법을 예고한다.[30] '순간 양식'의 과도한 진실주의는 사실의 효과를 파괴하기도 한다.

연극에서 자연주의의 미학적 관점은 삶의 현실을 무대 위에 세부적으로 진실하게 모사하는 환영적 재생산으로 나타난다. 이것이 스타니슬라브스키가 의도한 모스크바 '예술극장'의 자연주의적 연극개혁이었다. 주관과 객관 간의 엄격한 분리에서 생겨난 사실주의 및 자연주의 미학은 예술가의 주관성과 개인성을 없애며, 현실의 충실한 모사를 통해 "직접성의 환영(Illusion der Unmittelbarkeit)"[31]을 목표로 하므로, 사실주의 및 자연주의 연극은 완벽한 환상에 높은 가치를 두며 환상주의 연극을 지향했다.

모더니즘의 '모던'

19세기의 시민사회는 18세기 말 영국의 산업혁명과 프랑스 대혁명 이후 자본주의와 더불어 성장했다. 자본주의의 성장과 발전은 중세 봉건적 이념에 맞서 자립성 및 주체성을 쟁취하려는 개인과 시민사회

30　Dieter Borchmeyer, Viktor Zmegac(Hg.), op.cit., p.316.
31　ibid.

를 출현시켰다. 시민사회의 현실 재현이라는 예술적 전략, 곧 재현미학은 시민사회의 현실적, 사회적, 그리고 개인의 심리적 구조와 작용 원리를 자연과학의 법칙 아래 분명하게 이해할 수 있게 하고, 이를 통해 사회의 모순을 드러내며 관객을 각성케 함으로써 시민사회의 이상과 변혁을 지향했다. 이러한 지향점에서 시민사회의 사실주의 드라마는 당대의 현실을 전통적인 드라마 형식에 담아 객관적으로 재현했다.

유럽은 19세기 말에서 20세기 초 가속화된 산업 발전으로 인해 식민지를 확보하려는 제국주의가 팽창했다. 국가 간의 자본주의적 경쟁은 마침내 제1차 세계대전(1914~1919)을 발발케 했고, 그 파괴적 결과는 과학적 진보와 합리성에 회의를 가져왔다. 그리고 이 과학적 진보와 합리성을 근간으로 자본주의와 함께 발전해온 시민사회는 이미 인간을 자본의 논리에 종속시키는 자본주의적 모순이 심화되어 있었다. 즉 인간의 도구화, 인간 소외 등 인간관계의 비인간화로 개인은 그 주체성을 보장받지 못하게 되었다. 이러한 시대적 상황에서 자본주의적 이데올로기의 시민사회를 재현하는 예술은 그 이데올로기를 재생산하고 확고히 하는 것이었다. 이렇게 재현미학은 더 이상 사회적인 비판력을 견지할 수 없는 시점에 이른 것이다. 시민사회의 예술적 전략의 문제점을 이처럼 통찰하고, 그 예술적 관습을 거부하며 저항하고 파괴하려는 데서 모더니즘(modernism)은 출발한다. 즉 새로운 예술사조로서의 모더니즘은 그간의 시민사회 시스템에서의 "예술 생산–제공–

수용의 인습들에 대한 급진적 의문을 제기"[32]함으로써 태어난다.

이렇게 19세기 말 'modern'은 예술용어로 새롭게 태어난다. 이때의 'modern'은 "전통과의 연계 없이 현재성(Aktualität), 새로움(Neuheit), 전복(Umbruch)"[33]이라는 의미를 내포했다. 시민사회의 재현미학과는 정반대의 길을 걷는 모더니즘은 현실 재현에 의한 총체성을 포기하고 비재현적 예술을 생산한다. 사실주의의 객관적인 현실 인식은 모더니즘의 비재현적 예술에서는 주체의 인식이 전면에 형상화되고, 현실의 인식은 주체의 인식에 종속되는 것으로 바뀐다. 하여 현실이 파편화된다. 그 파편적 현실은 주체가 내면적 인식을 사용하여 주체의 내면과의 관계 속에서 그려진다. 이처럼 모더니즘은 주체의 의식의 흐름을 따라가는 내면적 총체성에 있고, 현실을 매개하고 변용하는 외적 형식, 즉 기법이 중요시되며, 내적 독백, 몽타주 등 공간적 형식에 의존한다. 그 결과, 모더니즘은 현실과의 연관 관계보다 내면세계의 형상화에 주력하면서 서사성이 약화된다. 이 서사성의 약화는 현대 드라마와 현대연극에서도 나타난다.

기실 모더니즘적인 현상은 이미 1850년대 문학에서 일어나고 있었다. 그때까지 예술의 주요 흐름이었던 사실주의와는 달리, "하이

---

32 Erika Fischer-Lichte, Doris Kolesch, Matthias Warstat(Hg.), *Metzler Lexikon. Theatertheorie*, Stuttgart/Weimar, 2005, p.27.

33 Dieter Borchmeyer, Viktor Zmegac(Hg.), op.cit., p.281.

네, 보들레르, 바그너, 플로베르, 니체에게서 예술과 세계관의 급진주의"[34]가 나타났는데, 이 예술적인 움직임은 전에 있었던 예술 운동들과는 확연히 구분되는 특징을 보여주었다. 그것은 그동안의 서구가 'modern'이라고 명명한 새로운, 하나의 통일된 예술 양식인 낭만주의, 사실주의, 자연주의와는 달리 하나의 예술 양식으로 통일되지 않는 '양식 다원주의(Stilpluralismus)'에 있기 때문이었다.[35]

이처럼 모더니즘의 미학적 특징은 통일적인 양식적 규정이 없고, 여러 예술적 방법, 즉 다양한 이즘(ism)과 형식, 기법들에 있다. 모더니즘에 양식 다원주의가 가능한 것은 예술가의 대상에 대한 인식(내용)을 재현이 아닌 표현에 집중함으로써 형식 자체로서 구현되는, 형식적 혁신에 있었다. 그리고 이 형식적 혁신에 창조적, 유희적 요소를 강화할 수 있었다. 현대연극도 이러한 양식 다원주의에 있다.

---

34 ibid., p.279.

35 ibid., p.281.

제2장

현대연극의 '모던'

: 현상과 그 미학들

현대연극의 '모던'

: 현상과 그 미학들

　20세기 전환기 유럽은 전반에 걸쳐 예술 개혁 운동이 진행되었다. 개혁이 역사에서 늘 그래왔듯 예술 개혁의 공통분모는 기성 예술에 대한 저항이었다. 그리하여 이 전반적인 예술 개혁은 당대의 사실주의 및 자연주의 예술의 재현미학을 떠나 상징적인 양식화와 추상화로 나아갔고, 연극은 시민사회의 연극과 단절함으로써 현대연극(Modern Theater)의 출발을 알렸다.

　연극개혁가들에게 재현미학의 연극, 곧 연극은 부르주아적 예술 관습으로 부패한 '시민사회의 문화 시스템을 재현하는 구성요소'[1]였으므로, 이들은 공통적으로 재현미학의 환영연극(Illusionstheater)과 그 무대

1　E. Fischer-Lichte, *Kurze Geschichte des deutschen Theaters*, Tübingen; Basel; Francke, 1993, p.264.

형식인 액자 무대(Guckastenbühne)를 거부했다. 환영 생산이 목적인 재현연극은 예술과 삶을 나누고 무대와 객석을 분리함으로써, 예술은 허상, 삶은 실제라는 각기의 실존 방식을 경계 짓는다. 현대연극은 이러한 예술과 삶의 괴리를 극복하려고 했다. 그 방법은 예술과 삶의 고유 영역을 상호침투하며, 배우와 관객의 일체성을 추구했고, 새로운 문화 창출을 선도했다. 즉 연극은 "삶의 부분"으로, "문화적 실천"으로 "축제, 숭배, 제례, 도발, 해프닝, 선전 선동 집회 등으로서 이해되고 실현되었다."[2] 이렇게 현대연극은 연극의 새로운 정의와 이해, 그리고 관객의 위치를 새롭게 발견한다.

　유럽의 현대연극은 우리의 '현대연극'과는 정반대의 길을 걸으며 전혀 다른 내용을 갖는다. 후자가 문학연극으로 나아갔다면, 전자는 문학연극을 벗어 던진다. 유럽의 현대연극은 독자적인 예술로서의 연극의 정체성을 찾으며, 전통적인 문학연극에서 퍼포먼스로, 사실적인 연기와 무대에서 양식화와 추상화로, 언어 중심의 연극에서 신체 언어로, 교양 시민의 엘리트적인 연극에서 대중연극으로, 그리고 유형 극장에서 삶의 공간으로 나아갔다.

2　ibid., p.272.

1. 바그너와 니체의 음악 정신

현대연극으로의 전환을 여는 19세기 말의 상징주의 연극과 그 뒤를 잇는 상징적 양식무대(Stilbühne)는 바그너(Richard Wagner, 1813~1883)와 니체(Friedrich Nietzsche, 1844~1900)의 영향 아래 있었다. 19세기 중반에 활동하기 시작한 독일 음악가 바그너와 그를 지지한(그러나 후에 그를 문화적 몰락 현상인 데카당스라고 강력하게 비판한) 독일 철학자 니체는 20세기 전환기 연극개혁가들에게 이처럼 지대한 영향을 끼쳤다. 전자는 종래의 유럽 오페라를 혁신하는 '미래의 예술작품'을, 후자는 전통 형이상학에 도전하는 '미래의 철학'을 꿈꾸고 실천했다. 두 사람의 공통된 관심은 새로운 독일문화의 형성이었는데, 그 모범을 그리스 비극에서 찾았다. 더욱이 이들은 그리스 비극의 모태를 음악, 곧 코러스의 합창에 있다고 생각했다. 바그너가 "음악정신으로부터의 탄생 : 아이스킬로스, 데카당스 : 에우리피데스"[3]라고 했는데, 그것은 아이스킬로스가 코러스와 함께 그리스 비극을 완성된 예술로 만든 작가이며, 코러스를 축소한 에우리피데스는 비극의 종말을 가져왔다는 바그너의 해석이었다. 니체도 이러한 견해를 그대로 수용하여 에우리피데스를

---

3 R. Wagner, *Das Künstlertum der Zukunft*(1849). 김미기, 「니체, 바그너 그리고 그 역사적 의미」, 『니체연구』 제7집, 한국니체학회, 2005, 191~221쪽, 195쪽 재인용.

합리적인 소크라테스의 대변자이며 디오니소스적인 것을 몰아낸 작가로 보았다. 새로운 독일 문화를 위하여 바그너는 게르만 신화와 설화를 작품의 소재로 하여 대본을 직접 창작하고, 새로운 화성과 작곡법으로 작곡하며, 1876년 바이로이트에 축제극장(Festspielhaus)을 세워 자신의 음악극을 제작했다.

바그너의 '음악극(Musiktheater)'은 오페라를 대신하는 새로운 개념이다. 이 개념 아래 바그너는 기존 오페라에서 수단과 목적이 뒤바뀐 오류를 시정하고자 했다. 그 오류란 오페라에서 표현 수단이어야 하는 음악이 표현 목적이 되었고, 또 목적이 되어야 하는 극이 수단이 되어왔다는 것이다. 그러므로 바그너의 '음악극'은 음악을 위한 극이 아니라 극이 음악에 의해 야기되는, 극과 음악의 올바른 관계를 모색했다. 다시 말해, '음악극' 개념은 "극과 음악의 절대적 일치를 꿈꾼 바그너의 예술적 이상을 표현한 것"[4]이었다. 극의 시적 언어는 이성적이고 정신적인 세계를, 음악은 인간 내면의 복합적이고 풍부한 감정들을 표현할 수 있기에, 이러한 시와 음악의 결합은 이성과 감정, 정신과 감각의 결합이며, 이것은 완전한 인간과 같이 분할될 수 없는 이상적인 표현 형식이라고 바그너는 믿었다. 그는 이 표현 형식이야말로 그리스 비극처럼 무용과 음악, 문학을 통합시킨 '종합예술품(Gesamtkunstwerk)'으로서의 음악극이 되게 한다고 보았다. 바그너의 두

---

4   신동의, 『호모 오페라쿠스-바그너의 오페라 미학』, 철학과현실사, 2008, 94쪽.

미학적 개념 '음악극'과 '종합예술품'은 그에게 미래의 완전한 연극을 위한 개념이기도 했다.

　니체는 바그너의 음악정신을 그대로 수용하고 그를 도우려는 의도에서 『음악정신으로부터의 비극의 탄생(*Die Geburt der Tragödie aus dem Geiste der Musik*)』(1872)을 저술했다. 그는 바그너의 음악극이 "그리스 비극의 본질을 투사하고 […] 독일적 맥락에서 재창조되어야 하는 근원적인 종합예술"[5]이라고 생각했기 때문이다. 독일은 니체의 이 저술이 나오기 전까지 아폴론적인 요소가 고대 그리스 예술 전반에 걸친 특징이라고 해석한 빈켈만(Johann Joachim Winckelmann, 1717~1768)[6]의 견해에 있었고, 그의 해석은 고대 그리스를 모범으로 괴테와 실러가 이룩한 독일 고전주의 문학으로 이어졌다. 고대 그리스의 이러한 문화 개념을 바꾸어놓은 것이 니체의 『음악정신으로부터의 비극의 탄생』이었다. 이 저술에서 니체는 그리스 비극에 아폴론적인 것과 디오니소스적인 두 가지 예술적 충동이 있으며, 전자는 명료함과 분별성, 조화 등의 구체적인 표현 형식이고, 후자는 모든 규범을 뛰어넘는 감정적이고 비이성적인 것이라고 했다. 그리고 주신(酒神) 디오니소스(Dionysos)를

5　김미기, 앞의 글, 195쪽.
6　빈켈만의 저서 『그림 및 조형 미술에 있어서 그리스 작품들의 모방에 대한 고찰(*Gedanken über die Nachahmung der griechischen Werke in der Malerei und Bildbauerkunst*)』(1755)은 독일에서 처음으로 고대 그리스의 조형예술을 학문적으로 체계화했다.

예배하는 음악과 춤에서 유래한 그리스 비극의 탄생은 아폴론적인 형식의 승리라고 했다. 이렇게 니체는 "위대한 연극을 낳는 것은 본능적인 것과 이성적인 것, 디오니소스와 아폴론 사이의 이러한 이중성과 긴장"[7]이라는 것인데, 이것은 앞서 언급한 바그너가 시와 음악의 결합이 이상적인 표현 형식이라고 주장한 것과 그 맥이 같다.

19세기 후반 바그너의 음악극은 '종합예술품'이라는 개념 아래 연극의 새로운 방향을 제시해주었다. 특히 상징주의 극작가와 연극개혁가들은 바그너의 신화적 연극과 음악극 개념에서 지대한 영향을 받았다. 바그너를 추종하는 연극개혁가들에게 새로운 연극의 모델은 음악이었고, 현대연극의 시작은 음악과 같은 연극을 지향했다.

2. 상징주의 연극

19세기 후반에 일어난 상징주의(symbolism)는 유럽이 급속한 산업화와 도시화의 자본주의적 세계에서 상실한, 즉 물질주의적인 세계에서 잃어버린 정신적인 것을 회복하고자 했다. 그러므로 상징주의는 물질적이고 실증적인 현실 묘사에 충실한 사실주의·자연주의 예술의 재현미학과는 반대되는 미학을 추구하며, 플라톤의 사상이라 할 수 있

---

7   J.L. 스타이언, 『상징주의와 초현실주의 부조리극』, 원재길 역, 예하, 1992, 20쪽.

는 본질적인 것에 독자/관객이 초점을 맞출 수 있도록 보이는 현실을 넘어서야 했다. 그래서 상징주의는 현실과는 완전히 결연된 '이 세상이 아닌 그 어딘가'를 지향하며, 사실주의 및 자연주의가 시민사회의 현실에서 태어난 것과는 정반대인 사회적 관계로부터 자유로운 예술을 추구했다. 그러므로 상징주의적인 미학에 있는 연극은 후에 사회적으로 무책임하다는 비판을 받는다.

프랑스 시인 스테판 말라르메(Stéphane Mallarmé, 1842~1898)는 상징주의를 "하나의 사물로 하여금 점차로 어떤 기분을 드러내도록 하는 예술 혹은 반대로 어떤 사물을 선정해서 그것으로부터 '영혼의 상태'를 끌어내는 예술"[8]이라고 정의했다. 장 모레아스(Jean Moréas, 1856~1910)는 1886년 파리의 『피가로(Le Figaro)』에 「상징주의 선언」을 발표했다. 상징주의자들의 표현 도구는 암시와 모호성, 신비를 지닌, 설명되지 않는 상징(symbol)이었다. 바그너의 영향 아래 이들은 상징을 음악에서 찾았다. 음악은 암시성을 소유하고, 정확성을 결핍하며, 유동적이기 때문이다. 이들은 시와 음악 사이의 유사성을 찾으려 했고, 바그너의 오페라가 중세 전설의 신비로운 세계를 그려내듯, 상징주의 희곡은 음악성이 있는 시적 언어로 신비한 세계를 묘사했다. 말라르메는 1864년에 착수한 시 형식의 〈에로디아드(Hérodiade)〉를 희곡으로 발표

---

8 Charles Chadwick, 『象徵主義』, 박희진 역, 서울대학교 출판부, 1978, 5쪽 재인용.

했다.

상징주의 연극 정신은 벨기에의 시인이자 극작가이며 불어가 모국 어인 모리스 메테를링크(Maurice Maeterlinck, 1862~1949)의 영향에서 실현화되었다. 이 정신은 자연주의 연극을 거부하며, "서양 연극의 우주적 개혁"을 의도하고 연극에 "형이상학적인 요구"를 세웠는데, 그것은 "무한을 잡으려는 인간의 본질에서 자신을 증명하는 인간의 구원"이었다.[9] 이러한 의도 아래 메테를링크는 실존의 형이상학적인 총지평을 명확히 보여주는 새로운 비극을 시도했다. 그 시도는 자연주의 연극이 인간을 사회적, 심리적 근거의 상관관계에서 묘사하며 이전 무대에서 추방한, 인형(Marionette)과 예술 형상들(Kunstfiguren)을 배우 대신 다시 들어서게 했는데, 이는 무대에 문학성의 재현 대신 연극성을 복귀시켰다. 그는 첫 번째 희곡 〈말렌 공주(La Princesse Maleine)〉(1889)에 "꼭두각시 인형극에 대한(pour un théâtre de fantoches)"이라는 지침을 주었고, 이후 불안과 죽음이 무겁게 드리워진 〈틈입자(L'Intruse)〉(1890), 〈맹인(Les Aveugles)〉(1890), 〈내부(L'Intérieur)〉(1894)에는 "마리오네트에 관한 세 편의 단막극(trois petits drames pour marionnettes)"이라는 부제목을 붙였다.

---

9   Hans-Peter Bayerdörfer, "Eindringlinge, Marionetten, Automaten: Symbolische Dramatik und die Anfänge des modernen Theaters", *Deutsche Literatur der Jahrhundertwende*, Victor Zmegac(Hg.), Koenigstein/TS, 1981, pp.191~216, p.193.

메테를링크의 비극성은 인간적 실존이 항상 우주의 이해할 수 없는 비밀로 겹겹이 싸여 있는 데서 생성된다. 여기에 그의 개념 "일상의 비극(Le tragique quotidien)"이 있다. 그는 우주의 근본적 침입자가 죽음이며, 이러한 "범세계적인 인간의 상황(situationm de l'homme dans l'univers)"을 다시 보여주는 죽음의 '세계연극(Welttheater)'을 주창했다.[10] 그의 작품 속 인물들은 동화적 혹은 악몽적으로 양식화된 그림자 도안의 형상화로 모든 개인성을 벗고, 죽음에 지배되는 시간과 공간에서 비자립적이며, 오직 그들의 운명에 수동적으로 행하는 인형(마리오네트)의 성격을 지닌다. 이러한 내용에 메테를링크의 "마리오네트(Marionette)" 개념이 있다. 그는 "인간적인 것과 인간다운 것을 관조적으로 분명히 볼 수 있는 비극의 형상화"를 시도했는데, 이러한 비극성은 관객에게서 "비극적 카타르시스가 아닌 완전한 무력감을 불러일으킨다".[11]

사실주의적 차원으로는 알 수 없는 존재와 운명, 삶과 죽음, 눈에 드러나지 않는 삶의 특성들을 표현하기 위해 메테를링크는 현실로부터 거리를 두는 신비하고 모호한 분위기의 작품들을 발표했다. 전통적인 드라마의 주도구인 대화는 부가적(dialogue du second degré) 위치에 있으며, 암시와 모호한 지시, 양식적이고 리듬에 있는 반복적인 대화, 휴지로 예감(전조)을 중개하고, 극인물, 시간, 공간은 총체적인 추상에

---

10   ibid., p.194.
11   ibid., p.195.

있다. 시공간을 알 수 없는 중세풍의 성과 숲에서 운명적 사랑을 다루는 5막의 〈펠레아스와 멜리장드(Pelléas et Mélisande)〉(1892)는 배우이자 연출가인 뤼네 포(Lugné-Poe, 1869~1940)가 1893년에 새로운 극장을 목표로 파리에 창설한 실험극장 테아트르 드 뢰브르(Le Théâtre de l'Œuvre)의 개관 공연으로 올려졌다. 이 극장은 1890년대 상징주의 연극에 공연장을 제공했다. 〈펠레아스와 멜리장드〉는 1989년 프랑스의 포레(Gabriel Fauré)와 1902년 드뷔시(Claude Debussy), 1905년 오스트리아의 쇤베르크(Arnold Schönberg)와 핀란드의 시벨리우스(Jean Sibelius)에게서 오페라와 관현악곡으로 작곡되었다. 이러한 사실에서 스타이언은 "어떤 부류의 상징주의는 연극보다는 음악이 더 나은 매체"라는 것을 입증한다고 했다.[12]

메테를링크의 드라마는 대화로 구축되는 전통적인 드라마와 달리 대화적 견고성을 잃고 있어서, 대화 대신 비언어적이고 장면적인 도구와 무대 공간의 가치 상승을 부여하고, 연출 기술적인 것과 무대장치를 요구하게 된다. 이러한 연극적인 새로운 시도는 당시의 연극이 한 것이 아니라 오히려 작가인 메테를링크가 했다. 그의 희곡은 무대 고유의 유희 공간과 의미 공간 창조에 의존하여 그 의미를 생산하고 있으므로, 연출의 창조적인 자립성을 요구한다. 이렇게 그의 상징주의 드라마는 연극과 '상호의존성'에 있다. 그러므로 이전까지 텍스트

---

12 J.L. 스타이언, 앞의 책, 46쪽.

에 보조적으로 봉사해왔던 연출은 창조적 자유를 획득하게 되고, 연극을 자성(自省)으로 이끌게 되었다. 그리고 상징주의 연극은 관객의 능동적 역할을 요구했다. 그것은 관객이 언어적 대사 외에 무대의 상징적인 연관들과 의미들로부터 작품의 의미를 파악하려고 할 때, 정신적인 능동성을 실현해야만 하는 것에 있었다. 이처럼 메테를링크의 희곡이 가져온 연극의 전환은 독자적인 예술로서의 연극과 관객의 능동성에 있었다.

상징주의 연극은 메테를링크의 드라마와 더불어 연극 영역 내에서 1887년 실험극장 창립과 함께 나타난 '분리파(Sezzesion)'[13] 없이 생각할 수 없다. 이 분리파는 시민적 제도화와 시민연극의 미학을 떠나서 대부분 지식인과 연극 전문가들이 운영하는 엘리트 지위의 스튜디오 무대(Werkstattbühne)를 세웠다. 상징주의적인 지향에 함께한 분리파는 점진적으로 연극이 드라마로부터 거리를 두게 하는 연극적인 것의 발전 방향을 현저하게 보여주었다. "새로운 실험적인 연극성의 출생 시간은 언어적 텍스트로서의 드라마에 대립하여 연극의 자립성이라는 표기"에 있었다. 당대의 드라마 영역에서 벗어난 상징주의 희곡과 공적인 연극 세계의 맥락에서 벗어난 실험연극의 두 출발은 처음부터 국가 문학의 내부에 특정 범위로 고정되지 않는 국제적인 사건들로 자

---

13 분리파는 당대의 예술에서 이탈한 진보적 예술가그룹으로 독일과 오스트리아 (1892년 뮌헨, 1897년 빈, 1898년 베를린)에서 창설되었다.

신들을 드러냈다.[14] 1890년대 상징주의 연극운동은 활발하게 전개되었고, 메테를링크 희곡의 내용적인 매혹이 사라진 1900년 이후에도 유럽의 중요한 실험 무대들은 그의 초기 작품들을 가지고 형식적인 실험을 계속했다. 무대 개혁은 이렇게 상징주의 드라마와 연계되어 나아갔다.

상징주의 드라마는 사실주의·자연주의 연극이 현실 세계의 일상 재현으로 간과하고 있는 신화와 꿈, 제의 등 신비한 환상의 세계로 그 무대를 옮겨갔다. 그 목적은 현실적인 "현상의 세계와 신성한 세계를 예술적으로 융합"[15]함으로써 찾으려는 이상세계(理想世界)의 추구였다. 작품으로는 영국 와일드(Oscar Wilde, 1854~1900)의 〈살로메(Salomé)〉(1892, 불어로 발표, 1896, 파리 공연), 러시아 안드레예프(Leonid Andreyev, 1871~1919)의 〈인간의 생애(The Life of Man)〉(1907), 독일 하우프트만(Gerhart Hauptmann, 1862~1946)의 〈한넬레의 승천(Hanneles Himmelfahrt)〉(1893), 오스트리아의 호프만스탈(Hugo von Hoffmannsthal, 1874~1929)의 〈누구나(Jedermann)〉(1911) 등이 있다.

---

14 Hans-Peter Bayerdörfer, op.cit., p.193.
15 러시아 상징주의 볼린스키(Volynsky)의 말. Charles Chadwick, 앞의 책, 61쪽 재인용.

3. 양식 무대와 연기 : 아피아, 크레이그, 바우하우스와 슐레머

아피아

유럽 연극의 개혁과 실험을 주도한 이들 가운데 스위스의 아돌프 아피아(Adolphe Francois Appia, 1862~1928)는 무대 디자인의 개혁을 시도했다. 그는 바그너의 '음악극'과 '종합예술작품' 이념에 영향을 받아 19세기 말 『바그너 연극의 무대술(*La Mise en Scène du Drame Wagnérien*)』(Paris, 1895), 『음악과 무대술(*Die Musik und die Inscenierung*)』(München, 1899)을 저술하며 총체연극을 지향했다. 그의 총체연극은 음악 창조와 같았는데, 그 이유를 "음악은 […] 시간 그 자체로서 간주"될 수 있고, "오로지 이 시간의 크기를 통해서만이 오늘날 예술작품에서 움직이는 인간 형상이 함께 효과"를 낼 수 있다고 설명했다.[16] 더욱이 아피아는 "음악이 연기자의 모든 개인적이고 자의적인 삶의 표현들을 없애고, 또 움직이고 조작할 수 있는 무대요소들의 표현 능력을 그와 같은 정도로 끌어냄으로써, 연기자와 움직이고 조작할 수 있는 무대요소들을 가까이 묶어놓는다"[17]고 보았다. 그러니까 아피아에게는 연기자와 문학적인

---

16 Adolphe Appia, "Die Inscenierung als Schöpfung der Musik" (1899), Manfred Brau-
neck, *Theater im 20. Jahrhundert*, Reinbek bei Hamburg, 1982, p.43.

17 ibid., pp.42~43

대사가 연극의 중심에 있는 것이 아니라, 모든 무대적 요소가 동일한 가치를 지니며 음악은 이 모두를 통솔할 수 있다는 것이다. 그의 예술 목표는 "참된 예술작품이 불러일으키는 환상"이며, 그러나 이 환상은 재현미학의 "사물의 거친 외양"에 있지 않고, 음악에 있다. 음악이 만들어내는 환상이란 "인위적이지 않고, 모든 분석으로도 다가갈 수 없는 최상의, 모든 것을 소유한 환상(l'illusion suprême)"이다. 즉 음악에 의해 열리는 "초월적"인 세계다. 더욱이 이 환상은 "우리를 새롭게 보는 방법으로 이끌어, 이 보는 방법이 우리 자신의 것으로 나타나게 한다."[18]고 아피아는 설명했다.

아피아는 바그너의 음악극이 정신적인 내적 특성들을 표현하는 것으로 간주하여 그에 맞는 많은 가상무대를 디자인했다. 자연주의의 2차원적인(평면적이고 회화적인) 무대가 3차원인 배우에게 적합하지 않다고 여긴 그는 3차원적이고 유동적인 무대와 작품의 내적 특성들을 표현하는 상징적이고 입체적이며 조형적인 무대를 구상했는데, 특히 조명을 통해서였다. 그는 "음악이 총보인 것과 같이, 묘사의 영역에서는 빛"이며, 빛은 "음악과 마찬가지로 모든 현상의 내적 본질에 속한 것을 오롯이 표현할 수 있"고,[19] "무대 위에 '환경'을 창조해내며, 더욱이

---

18   ibid., p.42
19   ibid., p.43.

투사 전에는 전혀 존재하지 않았던 사물까지도 창조해낼 수 있다"[20]고 보았다. 이렇게 아피아는 조명의 유연성을 발견하고, 이를 통해 무대라는 공간에 시간적인 차원을 결합하며, 시각적인 리듬을 창조하고, 무대의 구성요소들을 유기적으로 총합하는 길을 열어주었다. 그는 조명을 통한 공간 연출의 길을 열었고, '조명 디자이너'라는 새로운 직업의 필요성을 알게 했다.

그리고 아피아는 상징적인 무대디자인과 더불어 배우의 새로운 연기도 주장했다. 그에게 새로운 연기는 일상의 사실적인 재현이 아닌, 리듬 있는 동작과 제스처였다. 즉 인간의 육체는 동작을 통해 '시간 속의 공간과 공간 속의 시간'을 결합하는 표현 매체이므로, 배우는 작품의 공간적 · 시간적 요소를 통합하기 위해서 작품의 대사와 행위에서 스스로 리듬을 찾아내야 한다는 것이다. 이러한 연기 개념은 1906년 이후 아피아가 실천적 작업의 대부분을 함께한, 리듬체조의 창시자 자크-달크로즈(Émile Jaques-Dalcroze, 1865~1950)의 새로운 무용 체조 훈련에 힘입었다. 이 훈련은 음악적 리듬을 동작에 전이하는 능력의 개발에 있었다. 아피아는 자크-달크로즈의 연구소 연감『학교 축제들 (Die Schulfeste)』(1911)에 공간과 소리, 동작의 관계에서 몸의 리듬을 인식하는 '리듬체조'에 대해 서술했는데, 그것은 이른바 육체의 새로운 발견이었다.

---

20 ibid., p.44.

리듬체조를 통한 훈련은 배우로 하여금 무한한 소리의 변화에 반응케 함으로써 특히 공간에서의 차원과 소리에 민감하게 만들어줄 것이다. 배우는 자발적으로 이것들에 생명을 불어넣을 것이며, 3차원적이고 살아있는 존재인 그를 수직으로 선 화폭에 그린 죽은 그림들 사이로 밀어 넣음으로써 그에게 가하는 부정에 당황하게 될 것이다. […] 우리들 자신, 우리 자신의 몸조직, 우리 자신의 육체에 들어 있는 리듬의 각성은 우리 동시대의 상당 부분의 예술, 특히 무대 예술의 죽음을 알리는 종소리이다.[21]

크레이그

20세기 전환기 새로운 표현 가능성으로서의 연기는 무용에 가까워진다. 아피아의 새로운 연기가 리듬체조를 닮았듯, 영국의 무대디자이너 에드워드 고든 크레이그(Edward Gordon Craig, 1872~1966) 또한 자유무용의 선구자 미국의 이사도라 덩컨(Isadora Duncan, 1878~1927)과의 만남을 통해 이상적인 배우는 무용수라고 생각했다. 인생과 비슷한 재현 연기는 예술이 아닌 모방일 뿐이므로, 배우는 무용수와 같이 "새로운 상징적 몸짓언어로 되어 있는 새로운 연기 형식을 창조"해야 한다는 것이다.[22] 그는 여기에서 더 나아가 그의 가장 중요한 연극 선언문

---

21   J.L. 스타이언, 앞의 책, 27~28쪽 재인용.

22   Edward Gordon Craig, "Der Schauspieler und die Über-Marionette" (1908), Manfred Brauneck, op.cit., pp.55~60, p.58.

「배우와 초인형(Der Schauspieler und die Über-Marionette)」(1908)에서 배우의 불확실성과 주관성으로 인해 배우의 예술성을 부인했다.

> 연기예술은 진정한 예술이 아니다. 그러므로 배우를 예술가라고 말하는 것은 옳지 않다. 왜냐하면 모든 우연한 것은 예술가의 적이다. 예술은 혼돈인 것의 정반대이며, 혼돈은 많은 우연의 충돌에서 생긴다. 예술은 계획에 기초한다. 그런고로 예술작품의 창작에는 오직 계획적으로 사용할 수 있는 재료들만을 가지고 하는 작업이 허락된다는 것은 자명한 일이다. 인간은 이 재료들에 속하지 않는다.[23]

그러므로 크레이그는 배우를 무대 위에서 추방하고, 대신 "예술가의 미적 상상을 위한 충실한 매개체"로서의 '초인형(Übermarionette)'을 대안으로 내세운다. '초인형'이라 함은 예술가의 기교에 의해 태어난 "예술적 형상"이며, 무언가를 모방하지 않고 암시하는 "상징적 창조물"이다.[24] 다시 말해, 종교적 제의에서 연극의 원형을 보는 크레이그는 '초인형' 개념을 고대 제의와 같이 배우의 개성과 자아가 없으며, 삶을 초월하여 신성한 세계를 상징하는 전달체의 의미로 정의했다. "초인형은 고대 사원에 있는 석상들의 후예다. 오늘날 퇴락해버린 신의 형상이다."[25] 1912년 모스크바 예술극장에서 스타니슬라브스키와

---

23 ibid., pp.55~56.
24 ibid., pp.59~60.
25 ibid., p.59.

크레이그가 함께 제작한 〈햄릿〉에서 그의 '초인형'은 무대 위에서 배우가 탈을 쓰거나 인형처럼 행위하는 것으로 나타났다. 이러한 상징성을 위해 크레이그의 무대디자인은 "수직선의 단순성와 엄격성"으로 구체적인 장소가 아닌 분위기가 중요한 추상적인 무대 공간을 그려냈다.[26]

아피아의 조명의 조형적 활용과 고도의 기교적인 연기, 그리고 크레이그의 건축적이고 양식화된 무대디자인과 초인형, 이 두 사람의 공통된 지향점은 시각적 상징주의였다. 이들이 추구한 상징적이고 추상적인 무대는, 사실주의·자연주의 연극의 재현미학이 "세계를 무대 크기로 축소"시켰다면, "무대를 세계의 크기로 확산시키는 방법"을 보여주었다.[27]

바우하우스와 슐레머

전통적으로 배우가 중심이었던 연극은 크레이그에 이르러 인간을 대체하는 반재현적이며 상징적인 인공 예술체를 요구하기에 이르렀고, 이러한 경향은 바우하우스의 오스카 슐레머(Oskar Schlemmer, 1888~1943)의 인간과 공간의 관계에 대한 실험으로 이어졌다. 바우

---

26 J.L.스타이언, 앞의 책, 31쪽.
27 위의 책, 26쪽.

하우스는 1919년 3월 바이마르에 건축가 발터 그로피우스(Walter Grophius, 1883~1969)를 교장으로 세우며 창설된 국립 교육기관으로, 건축 및 공예 종합학교다. 그로피우스는 1927년 피스카토르를 위해 배우와 관객 간의 거리를 지양한 새로운 연극 공간으로 '총체극장(Total Theater)'을 설계했다. 비록 실현되지는 않았지만, 2,000명의 관객을 수용할 수 있고, 아레나와 프로시니엄 혹은 삼분된 깊이의 무대가 필요에 따라 다양한 변용이 가능한 극장으로, 바우하우스에서 발전된 극장 건축의 아이디어들이 총결집된 정점으로서의 건축이었다.[28]

바우하우스는 20세기 전환기 독일에 풍미했던 삶의 개혁이라는 이념을 따르며, 공동체를 위한 삶의 도구 제작과 동시에 새로운 인간 개조를 목표로 삼았다. 이러한 새로운 삶의 세계를 형상화할 수 있는 능력에 있는 총체적 예술을 바우하우스는 건축으로 보았고, 연극도 건축과 동일한 총체적 예술로서 공간의 문제로 간주했다. 그로피우스는 총체성의 연극을 "모든 공간적 도구의 유동성에 있어야 하며, 그 목표는 관객을 지적 무감각에서 깨우고, 그를 공격하고, 압도하고, 그리고 그를 연극적 사건에 참여하도록 압박하는 것"[29]이라고 설명했다. 무대 실험은 바우하우스의 교육과 연구 프로그램의 일부가 되었다.

바우하우스의 연극은 화가이자 무대장치가 슐레머의 주도하에 있

---

28 Manfred Brauneck, op.cit., p.232.
29 ibid., pp.229~230 재인용.

었다. 그는 당대의 '추상화'와 '기계화'라는 시대성에 연극이 따르도록 했으나 역사적 · 사회적 대상물에서는 해방되어야 한다고 주장했다. 그의 연극 이해는 인간 신체의 기본적 형태와 동작 구조, 그리고 공간에서 움직임의 가능성을 수학적으로 정밀하게 형상화하는 것에 있었다. 바우하우스에서 교사로 일하기 전 그는 이미 자신의 대표작 〈삼화음 발레(das Triadische Ballet)〉를 1922년 슈투트가르트에서 초연했다. 공연 제목에 대해서 그는 "세 명의 무용수와 전체가 세 부분으로 된 구조, 그리고 춤과 의상, 음악의 일체성"에서 붙인 것이며, "발레의 특별함은 공간 안에서 색채를 띤 형식의 공간 조형적인 의상, 기본적인 수학적 형상과 함께 변하는 인간의 몸, 그에 적합한 움직임"이라고 설명했다.[30] 3부로 구성된 이 실험적 연극은 1부는 노란색의 무대에서 유쾌하고 익살스러움을, 2부는 장밋빛의 무대로 장중함을, 3부는 검은색의 무대로 신비하고 환상적인 것을 표현했다. 그 진행은 두 명의 남자 무용수와 한 명의 여자 무용수가 18종의 다른 의상으로 12가지 춤을 교대로 추었는데[31], 무용수들의 신체는 기계적으로 움직이는 인공형상과 같았다. 이렇게 슐레머의 연극은 색채, 형상, 기계적 움직임이 중요시되면서, 이전 연극의 중요 위치에 있던 작가와 배우 대신 몸 중

---

30 ibid., p.238 재인용
31 이원양, 『독일 연극사 : 근세부터 현대까지』, 도서출판 두레, 2002, 215~216쪽.

심의 발레, 판토마임, 곡예가 그 자리를 대신하게 되었다.

슐레머의 무대는 그의 이론과 실제를 행하는 연극 실험실이었다. 그는 자신의 에세이 「인간과 인공 형상(Mensch und Kunstfigur)」(1925)에서 유기체인 인간과 입체적이고 추상적인 공간의 관계를 탐구한 결과에 대해 다음과 같이 기술했다. 공간에서의 인간은 "변화하는 건축물"이며, 신체의 기능 법칙들에서의 인간은 머리는 달걀형, 몸통은 꽃병형, 팔은 곤봉형 등 "관절이 움직이는 인형"이고, 신체의 움직이는 법칙들에서의 인간은 회전, 방향, 공간 절단 등을 주도하는 팽이, 달팽이, 나선형, 원반이 생기는 "기술적인 유기체"이다. 더 나아가 "인간을 그의 구속에서 해방하고, 그의 움직임의 자유를 자연적 분량 너머로 상승시키려는 노력이, 유기체의 자리에 기계적 예술 형상, 즉 자동 기계와 마리오네트를 세운다."[32] 그리하여 인간은 이러한 "형이상학적인 표현 형식들"에서 "비물질화(Entmaterialisierung)"가 된다고 슐레머는 믿었다.[33]

앞에서 다룬 아피아와 크레이그, 그리고 슐레머가 보여주는 입체적이고 추상적인 무대 공간과 인공 형상에 가까운 배우, 그리고 몸의 기계적 움직임은 사실주의·자연주의 연극의 구체적인 재현 너머 그 이상의 감정과 생각들을 불러일으키려는 상징주의 미학으로 향해 있었

32　Oskar Schlemmer, "Mensch und Kunstfigur" (1925), Manfred Brauneck, op.cit., pp.145~153, p.149.

33　ibid., p.151.

다. 이렇게 20세기 전환기 연극개혁은 자연주의 연극의 "환영적인 그림 무대 대신 구분하고 조명으로 형상화하는 공간 무대 […] (그리고) 심리적이고 실제적인 인간 묘사에 세워진 연기예술 대신 판토마임과 춤에 훈련된 리듬 있는 동작 예술, 문학 대신 음악"[34]으로의 전환을 요구했다.

4. 축제연극

문화혁명

유럽 연극은 18세기의 시민연극 이래 무대 위 사건을 마치 실제로 일어나고 있는 것 같은 환영을 창출하는 데에 그 지향점을 두었다. 그런 목적에서 재현미학의 환영연극은 무대 위 인물들 간의 내적 소통과 그 묘사에 중점을 두었고, 당연히 액자 무대의 무대 밖 관객은 부재한 듯 존재했다. 그러나 독일의 페터 베렌스(Peter Behrens, 1868~1940, 건축가)와 게오르크 푹스(Georg Fuchs, 1868~1949, 언론인이자 드라마투르그)는 연극을 무대와 객석 간의, 곧 배우와 관객 간의 외적 소통에 있는 상호 교통 과정(Interaktionsprozess)으로 정의한다. 그러므로 극장 또한 이

---

34 E. Fischer-Lichte, op.cit., p.263.

공간 개념에 있게 된다.

> 연기자와 관객, 무대와 객석은 그것의 기원과 본질에 따라 서로 대
> 치되는 것이 아니라 하나의 통일체이다.[35]

아피아와 크레이그가 재현미학의 회화적인 평면 무대에 반하는 상
징적인 무대 공간의 변혁을 지향하고 있다면, 베렌스와 푹스는 배우
와 관객이 함께 체험하는 축제공간으로서의 극장을 주장했다. 연극개
혁을 위한 새로운 극장은 무대와 객석의 경계를 없애고 무대와 객석
이 하나의 공동체로 통합되는 공간이어야 하는데, 그 이유는 이러한
통합의 공간이 관객을 행동하는 자로 변화할 수 있게 한다는 것이다.

> 우리는 극장에 갈 때 문학도, 음악도 그 어떤 것도 기대하지 않는
> 다. 우리는 가능한 한 많은 다른 사람들과 함께 커다란, 도취적인 상
> 승(in einer grossen, berauschenden Erhebung)에서 함께 있고 함께 느끼
> 기를 원한다.[36]

푹스는 드라마란 '관객이 함께 체험할 때만이 비로소 존재'하며, 이
체험이 '우리 본질을 극도로 승화하며 삶을 더 깊게 맛보게 한다'고

---

35 Georg Fuchs, "Die Schaubühne der Zukunft" (1904), Manfred Brauneck, op.cit.,
pp.50~54, p.53.
36 ibid., p.52.

생각했다. 종래의 관객은 부재한 듯 "무대 위 사건을 기다리고 기대하는 구경꾼"이었다면, 20세기 초 연극개혁에서의 관객은 이처럼 공동체의 참여자이며, 동시에 "공동예술가"로 승격되었다.[37]

관객의 참여와 행동을 불러일으키는 콘셉트의 새로운 연극은 새로운 문화 창출을 기대했다. 문화 창조의 견인으로 종래의 시민문화가 위대한 인간성과 시민의식을 개인에서 찾았다면, 새로운 문화는 집합체나 공동체에서 찾았다. 시민연극이 그러하듯 시민문화 안에 예술과 삶이 분리되어 있었다면, 새로운 문화는 예술과 삶의 간극을 메우며 예술과 삶을 하나의 통합체로 만들고자 했다. 그리하여 새로운 문화는 "도시계획, 주거지 건축, 주거문화, 삶과 일의 세계의 도구들을 미학적 기능주의 원칙에 따라 설계하고 실현"하며, "모든 사람을 위한 삶의 세계에 유효하고 널리 미치는 미학화"를 그 목표로 했다.[38]

연극의 새로운 문화 창출 가능성은 바로 연극이 예술작품이자 행동이며 사건이라는 그의 고유성에 있었다. 그런 이유에서 연극은 새로운 문화를 창출할 수 있는 구심점으로 여겨져서 노동자, 국가와 민족적인 그리고 교회의 청년 연합들에게도 활성화되었고, 야외극장의 아마추어 연극과 민족 축제극도 널리 퍼지게 되었다. 이렇게 20세기 초 연극개혁의 또 한 갈래는 문화혁명으로서 구상되었고, 연극은 "삶의

---

37 Peter Behrens, "Feste des Lebens unbd der Kunst" (1900). ibid., pp.46~49, p.48.

38 E. Fischer-Lichte, op.cit., pp.270~271.

부분"이며 동시에 "문화적 실천"으로서 실현되었다.[39]

몸의 대두

니체를 추종했던 푹스는 악의 근원을 개체화로 간주하고, 축제에서 개체화의 길을 허물며 잃어버린 통합을 다시 복구하는 길로서 연극을 생각했다.[40] 즉 축제로서의 연극이었다. 그는 축제로서의 연극이 각 사람을 개인으로서가 아니라 공동체의 일원으로 느끼게 하며, "개체화의 고통"을 없애고 삶의 상승을 경험하게 한다고 믿었다. 여기서 '축제'는 원시인류의 제의로 회귀하고, 이 공동체적 놀이의 도취를 통해 각각의 배우와 관객이 개인을 넘어서 새로운 인간으로 만들어지는 개념에 존재한다.

푹스는 연기예술을 "다른 사람들을 같은 또는 유사한 리듬의 흔들기로, 그리고 그와 함께 같은 또는 유사한 도취 상태로 들어가게 하는 의도 속에서 [⋯] 연습되는, 공간 안에서 인간 몸의 리듬에 있는 움직임"으로 규정했다.[41] 그러니까 연기예술이란 리듬이 있는 몸의 움직임이 도취 상태로 이전되는 길인 것이다. 푹스에 따르면, 몸의 리듬은

---

39 ibid., pp.270~272.

40 ibid., p.273.

41 ibid., p.274 재인용.

피의 순환처럼 인간에게 이미 주어진 것인데, 유럽문화의 위기는 몸을 억압하고 변형시킴으로써 모든 형상화하는 힘으로서 있어야 할 리듬을 불가능하게 만든 데에 있다. 그는 특히 독일 전통에서 문화는 늘 "어떤 순수한 정신적인 것"이라고 한 것을 비난하며, 공동체적 체험을 가능케 하는 것은 몸이라고 주장했다. 푹스의 축제연극은 고대 그리스연극이 예술과 삶을 통합하는 종교적 성격의 축제이듯이 연극의 기원으로 회귀하며 연극의 '재연극화(Rethetralisierung)'를 지향했다. 축제연극의 가능성은 몸에 있으며, 몸의 문화가 예술과 삶을 통합하며 삶의 미학화를 이룰 것이라고 그는 믿었다.

> 우리들의 아이 돌봄, 건강법, 마사지, 운동, 우리들의 신체훈련, 스포츠 그리고 그것과 연결된 모든 것은 끊임없이 세련되고, 매우 세련되어서 몸의 문화가 스스로, 그리고 의식된 예술적인 의도 없이 자신을 미학적인 것으로 옮겨놓는다.(Georg Fuchs, 1906)[42]

이러한 '삶의 미학화'는 니체의 영향으로 보인다. 니체의 철학은 어떻게 인간이 부조리한 시대에서 삶의 새로운 가치를 창조하며 예술적으로 미화해갈 수 있는가의 문제가 중심에 자리하고 있기 때문이다.

20세기 초 연극에서의 몸의 대두는 현대연극이 문학적 희곡의 지배를 거부하며 나타난 현상이다. 즉 연극의 중심이던 텍스트의 언어(말)

---

42 E. Fischer-Lichte, op.cit., pp.274~275 재인용.

가 몸의 언어로 이동하고 있음을 보여준다. 연극의 중심언어가 되는
몸은 이때로부터 20세기 연극의 흐름을 관통한다.

5. 정치연극

피스카토르 : 배우와 관객의 통합

베렌스와 푹스가 축제연극과 삶의 미학화로 예술과 삶을 통합하고
자 했다면, 연출가 에르빈 피스카토르(Erwin Piscator, 1893~1966)는 프롤
레타리아 연극으로 연극과 현실의 간극을 메우고자 했다. 그에게 예
술은 계급투쟁의 여러 수단 가운데 정치적 목적을 위한 하나의 수단
이었다. 그러므로 연극은 즐기는 오락이 아닌 현실 변혁을 꾀하는 정
치적 기관으로서의 혁명적 선전(Propaganda) 도구였다. 피스카토르는
이렇게 말했다.

> 우리들은 〈예술〉이라는 단어를 우리들의 프로그램에서 철저히 추
> 방했으며, 우리들의 〈극작품〉은 우리가 이것을 가지고 시사적인 사
> 건에 개입해서 〈정치를 하려는〉 성명서였다.[43]

---

43 이원양, 앞의 책, 242쪽 재인용.

그의 정치연극에서는 "사적이고 개인적인 운명을 구비한 개인이 아니라 대중의 시대와 운명이 새로운 희곡의 영웅적인 요인들"이 되었다. "우리 시대의 운명적 힘은 […] 경제와 정치"이고, 그 결과가 "사회적인 것"이기 때문에, 그는 무대 위 인간의 갈등을 "도덕적이든, 영혼에 관한 것이든 또는 본능적이든 간에, 사회와의 갈등"으로 간주했다. 그러므로 프롤레타리아 연극은 피스카토르에 의하면 "사회에 대한 그(무대 위 인간)의 관계가 중심"이며, 그의 등장은 동시에 "그의 계급 또는 그의 계층이 등장"하는 것이다.[44] 그의 연극은 이렇게 "계급투쟁의 도구"[45]로 구상되었다.

이를 위하여 연극은 허구의 문학 텍스트가 아닌 역사적인 사실이나 시사적인 쟁점들이 제시되어야 한다. 그러나 "사회적, 혁명적 방향"[46]의 이념을 형상화하거나 오늘의 문제를 다룰 희곡은 창작과정의 시간을 기다려야 했으므로, 피스카토르의 정치연극은 열두 명의 작가로 구성된 드라마투르기 팀이 희곡의 번안 및 새로운 연극 대본의 집필을 공동으로 작업했다. 이 팀에 브레히트(Bertolt Brecht, 1898~1956)가 속해 있었다.

전통적인 드라마가 압축되어 개인의 경험에 초점을 맞추고 있다면,

44　위의 책, 245쪽 재인용.

45　E. Fischer-Lichte, op.cit., p.282.

46　이원양, 앞의 책, 244쪽 재인용.

피스카토르는 드라마의 시야를 확장했다. 곧 전체적인 맥락을 보여주기 위해 역사적인 사건들을 다층적으로 느슨하게 연결하는 서사 양식의 정치연극을 시도했다. 실례로 1924년 5월 민중극장(Volksbühne)에서 피스카토르의 연출로 공연된 알폰스 파케(Alfons Paquet)의 〈깃발들(Fahnen)〉은 1880~1887년에 실제로 일어난 시카고의 노동운동을 '탈개인화된' 56명의 등장인물들로 그려냈다. 이 연극은 당시 독일 베를린에서 일어난 사건(노동자와 독일 공산당, 사회민주당을 중심으로 한 노동조건 개선 운동)의 시사점을 제기하고 있었다. 피스카토르는 이 공연에 대해 "무대와 관객 간의 분리 벽이 무너졌다. 건물 전체가 회의장이 되었다. 객석은 무대 안에 포함되었다."[47]고 회고했다.

〈깃발들〉은 연극적으로 제시된 사실의 시사성과 역사적 진실을 입증하기 위해 무대 양편에 두 개의 영사막을 설치하고, 주요 인물 사진과 현수막, 신문 보도문, 선언문 등 기록 자료들의 투사와 장면 주석을 넣는 등 다큐멘터리적인 새로운 연극언어를 실험했다. 연극의 이러한 다큐멘터리 기법은 기록연극의 시작을 알렸다. 그리고 피스카토르는 의식적으로 현대과학의 발전된 기술을 사용하여 과학사회를 반영하는 무대를 만들었고, 복합적인 세계의 단면을 보여주는 다층무대, 회전무대, 상하이동식 무대, 움직이는 보도, 엘리베이터, 컨베이어 벨트 등 무대의 기술적인 혁신을 이루어냈다.

47　피스카토르의 말. 위의 책, 247쪽 재인용.

독일 공산당의 위촉으로 1924년 11월 제국의회 선거를 기해 피스카토르가 연출한 〈레뷰 붉은 소동(die Revue Roter Rummel)〉과 1925년 7월 베를린 정당 회의에 즈음한 〈그럼에도 불구하고!(Trotz alledem!)〉는 대중적인 레뷰 형식이었는데, 이 형식은 관객의 직접적인 참여와 행동을 유발했다. 〈레뷰 붉은 소동〉은 음악을 중요한 드라마투르기적인 도구로 두고, "샹송, 곡예, 속기화, 스포츠, 투사, 영화, 통계, 연극배우의 장면, 연설 등"[48]을 교대하면서 느슨한 장면 연결로 진행했다. 프롤레타리아와 부르주아의 전형적인 인물을 등장시켜서 그들의 주석과 싸움을 통해 극을 진행하고, 관객들이 이해하지 못하는 장면이 없도록 해석을 해주었으며, 또한 관객이 함께 극을 진행하도록 만드는 데 성공했다. 관객들은 "재빠르게 휘파람을 불고, 소리치고, 광란하고, 자극하고, 팔을 휘두르고, 생각에 조력했다."[49] 〈그럼에도 불구하고!〉는 1914년부터 1919년까지의 주요 정치적 사건을 다룬 작품으로 "공연 전부가 연설문, 논설문, 신문 스크랩, 호소문, 전단의 몽타주였으며, 전쟁과 혁명 그리고 역사적 인물이나 장면의 사진과 영화의 몽타주였다."[50] 당대의 시사적인 문제를 다루는 희곡이 없었으므로, 이러한 새로운 시도를 하는 두 연극의 텍스트는 연출가 피스카토르와

---

48 위의 책, 같은 곳.
49 피스카토르의 말. E. Fischer-Lichte, op.cit., p.283 재인용.
50 피스카토르의 말. 이원양, 앞의 책, 248쪽 재인용.

드라마투르그 가스바라(Gasbarra)가 구성했다.

피스카토르의 정치연극은 관객이 역사와 사회와 더불어 살고 있음을 깨우치고, 노동자들의 의식을 깨우며, 연극에 적극적인 행동을 불러일으키는 데에 그 목적이 있었다. 이 목적에 부합하여 성공적인 공연이 된 〈그럼에도 불구하고!〉의 극장은 삶의 현장이 되어 정치·사회문제들의 토론이 가능한 공개적인 광장이 되었다. 현실의 정치적 장소가 된 극장은 동시대의 문제들에 함께 직면한 배우와 관객을 하나로 통합되게 만들었다.

> 대중이 연출을 맡았다. 그들은 극장을 채웠고, 모두 이 시대의 대부분을 적극적으로 함께 체험했다. 그것은 진실로 그들의 운명이었고, 그들의 눈앞에서 연출되는 그들 자신의 비극이었다. 극장은 그들에게 현실이 되었고, 그것은 곧 객석 대 무대가 아니라 유일하고 거대한 회의장, 유일하고 거대한 전장, 유일하고 거대한 시위운동이었다. 이 통일체는 그 저녁에 마침내 정치적 연극의 선동 능력을 증명했다.[51]

브레히트 : 배우=관객

피스카토르의 〈레뷰 붉은 소동〉과 〈그럼에도 불구하고!〉의 성공은 이 두 공연과 같은 카바레-레뷰 공연 형식을 따르는 수백 개의 아마

---

51   피스카토르의 말. E. Fischer-Lichte, op.cit., p.284 재인용.

추어 선동연극 단체가 생겨나게 했다. 그런데 이 연극단체들의 작가와 연기자는 선동 장면들을 도식 속에서 가볍게 만들어냈으므로 다음과 같은 비판에 직면했다. 그것은 선동연극 단체들의 연극이 "근본적인 동의가 있는 관객에게만 가능하고 '피고용인과 중산층에게는 그들 계급의 복잡한 프롤레타리아화 과정을 분명하게 만드는 것과 공동의 계급 전선으로 들어가는 필연성'에 무능"하다는 것이었다.[52] 관객의 동일성에 의문을 갖게 되면서 선동연극 단체들의 연극은 계급의식을 처음으로 만들어야 하는 새로운 관객을 위해서 변화가 필요했다. 곧 새로운 관객을 위한 도식적인 선동 장면들의 변화 요구는 "포괄적인 정보와 세밀한 분석을 통해 설득력"[53]을 발휘할 수 있는 극작가를 극장에 복귀시켰다.

20세기 초 연극개혁은 예술과 삶의 간극을 극복하고, 배우와 관객의 통합을 지향하며 진행되어왔다. 페터 베렌스와 게오르크 푹스의 축제연극이, 에르빈 피스카토르의 정치연극이 그러했다. 그 흐름을 브레히트의 교육극(Lehrstück)이 이어갔다. 브레히트는 그의 서사극에서 관객이 자연스럽게 보였던 사회적 · 경제적 · 정치적 상관관계에 관해 의문을 갖도록 사건들 사이의 연결고리를 가시화했고, 이러한 무대는 관객과의 거리두기에서 오는 소외효과(Verfremdungseffekt)로 관

---

52 ibid., p.288.
53 ibid., p.289.

객에게 공감보다는 비판 능력을 요구했다. 이는 서사극의 목표가 새로운 사회질서로 나아가는 것이기 때문이었다. 그러나 서사극 〈서푼짜리 오페라〉(1928년 초연)는 "바이마르 공화국의 전설적인 연극 공연으로 기록"[54]되는 대성공을 거두었으나, 이 성공은 작품에서 "품위, 도덕, 사업, 법률, 종교 등에 나타난 시민사회의 외형적인 질서가 실제로는 강도의 질서"[55]라는 주제의식과는 달리 "시민계층의 관객들이 자신들의 모습을 강도로 보는 대신 작가의 기지와 재치에 갈채할 뿐"이었으므로,[56] 이후 브레히트는 1928년에서 1931년 사이 정치적 교육장으로서의 교육극을 시도하며 발전시켰다.

그러나 브레히트는 베렌스와 푹스, 피스카토르와는 달리 배우와 관객의 통합을 새롭게 정의했다. 그의 교육극은 전문적인 연극을 위한 창작이 아닌 선동연극 단체들의 연극처럼 아마추어 연극을 위해 쓰였다. 그러나 교육극은 이전의 아마추어 연극과 달리 연극 '생산자를 위한 연극'을 표방하며 관객을 필요로 하지 않았다. 곧 연극 참가자들이 연기자인 동시에 관객이었다. 달리 말하면, 교육극은 학생들이나 도제들, 젊은 노동자 그룹 등이 행하는 새로운 사회적·집단적 행동방식에 대한 인식의 연습장이 되는 연극이었다. 종래의 드라마가 관객

---

54 임한순 편역, 『브레히트 희곡선집 1』, 서울대학교 출판부, 2006, 207쪽.

55 위의 책, 205쪽.

56 위의 책, 208쪽.

에게 하나의 선례로서 극인물을 만나게 했다면, 브레히트의 교육극은 연기자가 선례로서의 태도를 만나고 이를 스스로 행하며 동시에 탐구하는 관객이 되는 것이다.

브레히트의 첫 교육극은 린드버그의 33시간 대서양 비행이 1927년 5월에 최초로 성공했다는 사실을 알리는 기사로 제작된 방송극이었다. 이후 이 방송극은 여러 제목으로 바뀌었다. 1929년 〈린드버그〉로 발표되고, 그해 7월 초연에는 〈린드버그의 비행〉이 되었다. 1930년에는 린드버그의 대서양 비행이 비행사 혼자 만든 것이 아니고, 다른 이들과의 공동 협력으로 이루어진 것이라는 의미에서 〈린드버그들의 비행〉으로 출판되었고, 1949년 말에는 일회적 인물의 고유명사를 사용하지 않은 〈대양비행(Ozeanflug)〉으로 그 제목을 바꾸었다. 이 교육극은 비행사들의 비행은 이미 일어난 과거이며, 이미 행동한 그들을 후에 평가하는 탐구에 종사한다. 이를 위하여 연기자들은 재현적 역할연기가 아닌 비행사를 제시할 뿐이고, 드라마적 행동은 없고 세계인식에 종사할 상황들이 제시된다. 이러한 상황들의 제시를 통해 연기자는 학습자로서 비행사들이 과거에 보여준 시도들과 그들이 그때 성취하지 못한 불이행을 공공으로 인지하는 것이다.

교육극에는 배우와 관객의 감정이입과 동일시가 일어나는 긍정적인 영웅이 등장하지 않는다. 그 이유는 극인물이 행하는 선례로서의 태도에 연기자(또는 관객)의 동의 혹은 거부가 중요하며, 이를 통해 오히려 극 속에서 주어진 조건들 아래 새로운 행위와 태도, 조건들에 변화 가능성이 열리기 때문이다.[57] 그러므로 연극 행위는 모순의 구조를 찾는 인식 수단이 되고, 연극은 공동체 의식을 연습하는 교육장이 됨으로써, "그렇게 연기하기=관극하기는 개체와 공동체의 관계를 새로 규정하는 기능을 갖는다. 연기하기=관극하기는 그렇게 연기자와 관객이 삶을 실천하는 부분이 된다."[58]

메이어홀드 : 관객은 제4의 창조자

1917년 10월 러시아의 인류 역사상 최초로 이루어진 마르크스주의 혁명은 지금껏 존재해왔던 것들을 일소하려고 했고, 예술가들의 열광적 지지를 얻었다. 문화혁명이 있던 1920년 러시아를 대표하는 연출가 메이어홀드(Wsewolod E. Meyerhold, 1874~1940)는 '연극의 10월 혁명'을 선포하며 연극예술의 혁명화를 기했다. 그는 1930년대 중반까지 마르크스주의를 선전·선동하는 프롤레타리아 연극에 힘을 쏟았다.

혁명 전 메이어홀드는 재현미학의 '그럴 법함(probability)' 혹은 '진실다움(verisimilitude)'과 결별하고, 20세기 전환기의 연극 경향과 마찬가지로 단순한 무대, 무대와 객석의 공간 분리 제거, 언어와 움직임의 리듬화, 춤 같은 조형적 움직임 등 상징적이고 양식적인 연극을 추구

---

57   E. Fischer-Lichte, op.cit., p.290.
58   ibid.

했다. 그리고 제국주의적 부르주아의 가치에 반하는 반엘리트적이고 신체적 표현이 중심인 코메디아 델아르테(Commedia dell'arte) 같은 대중 연극을 선호했다. 코메디아 델아르테는 대본 없이 줄거리만 가지고 연기하는 배우 중심의 연극이다.

메이어홀드는 연극을 배우의 예술로, 연기는 역할의 신체적 표현 으로 간주했다. 그러므로 배우에게는 곡예처럼 빠르고 정확한 신체적 표현의 외적 기교가 필수적이었다. "신체적 요소들에 의존하는 연극 은 최소한 명료함을 보장"한다고 생각한 그는 자신의 연기이론을 '생 체역학(biomechanics)'이라 부르며 실천에 옮겼다. 생체역학의 기본 원 리는 기계적 운동법칙을 배우의 신체 운동에 적용하는 것이다. 메이 어홀드는 1921년 자신의 글 「드라마투르기와 연극문화에 대해」에서 용어 '생체역학'을 사용하며 "새로운 공산주의 드라마투르기의 뿌리 는 연극의 신체적 문화에 있다고 주장"했다.[59] 전통적인 연극미학에 기반을 둔, 심리적 진실의, 안에서 밖으로의 연기를 주창한 스타니슬 라브스키(Constantin Stanislavsky, 1863~1938)와는 정반대로, 신체가 중심 인 메이어홀드의 연기이론은 밖에서 안으로의 역할 구축이었다. 이를 위해 그는 배우의 운동 진행 과정과 단계를 통제하며 분절하는 새로 운 연습의 연기법을 개발했다.

---

59 김용수, 『연극이론의 탐구—대립적인 시각들의 대화』, 서강대학교 출판부, 2012, 263쪽.

이처럼 메이어홀드의 연기법은 과학적 기초 위에 세워졌고, 예술 활동 또한 공장에서의 생산 과정처럼 경제적이고 효과적인 생산성의 원칙을 따라 수행되고 생산되는 것으로 이해되었다. 이것은 물질적이고 경제적인 관점에서 역사를 바라본 마르크스주의의 적용으로 개개 생산품의 생산 과정을 예술 창작에 응용한 것이었다.

> 산업사회에서 배우의 연기는 생산의 수단으로 생각되어야 하고 이러한 생산 수단은 그 사회의 모든 시민의 노동체계에 적절한 것이어야 한다. [⋯] 작업시간을 최대한 효율적으로 사용할 수 있는 동작을 발견해내는 것이 매우 중요하다. [⋯] 배우의 연기가 특수한 목적을 수행하기 위한 것인 만큼 빠른 시간 내의 목적을 실현할 수 있는 정확한 동작을 확보하기 위해서는 표현수단이 경제적이어야 한다.(메이어홀드, 1922년의 강연)[60]

이러한 사회적 효용성은 연기뿐만이 아니라 무대에도 적용되었다. 즉 실용적인 기구인 골조 틀, 이동식 계단, 물레와 바퀴 등으로 설치된 구성주의(constructivism) 무대였다. 구성주의는 러시아 혁명 후 일어난, 무엇보다 미술에서 부르주아의 재현미학을 부정하고 사회적 효용성을 주장하며, 산업과의 일체화를 이루려는 1920년대 소련의 예술 운동으로 현실 소재에 의한 비재현적 구성인 추상을 지향했다. 메

---

60 J.L. 스타이안, 『표현주의 연극과 서사극』, 윤광진 역, 현암사, 1988, 86~87쪽 재인용.

이어홀드의 구성주의 무대는 역동적이며, 배우의 신체 행위를 강조한 새로운 곡예적 연기에 적합한 기계적 장치였다. 그의 연극에서 부르주아 연극의 대사 중심은 동작으로 이동했고, 오히려 대사가 동작을 장식했다. 더욱이 생체역학으로 훈련된 배우는 그의 숙련된 신체 운동으로 희곡 텍스트로부터 독립된 연극언어를 만들어내고, 이 신체언어는 희곡 텍스트의 해설 또는 대칭의 동작이 된다. 이뿐만이 아니라 메이어홀드는 무대와 객석의 경계를 허물고 배우가 관객을 상대로 연기하게 했는데, 그 근간은 관객이 부재하는 듯 존재하는 부르주아의 재현미학의 환영(illusion)연극이 아닌, 관객이 연극을 연극으로 인식하는 극장주의(theatricalism) 미학에 있었다.

메이어홀드에게 특히 관객은 작가와 연출가, 배우 외에 제4의 창조자였다. 혁명 전의 글 「조건연극(das bedingte Theater)」(1906)에서 그는 "조건연극은 장면에서 암시된 것을 관객이 자신의 상상력을 통해 창조적으로 완성하는 무대"를 만들기 위해 다 완성하지 않는 연극이라고 설명했다.[61] 이러한 그의 연극 콘셉트는 혁명 후 구체적인 이념적 정치연극의 기초가 된다. 1930년의 글 「연극의 재구성(Rekonstruktion des Theaters)」에서 그는 작가와 연출가의 전(前) 작업이 배우와 관객이 함께 작업할 기초 틀로 대략일 뿐이어서, "공연의 최종 완성과 모든 세부 확정"은 관객이 배우와 함께 만들고, "공연에서 가장 중요한 수정"

---

61   Manfred Brauneck, op.cit., p.246.

도 관객이 하는데 특히 "군중에 의한 수정이 필요"하다고 피력했다.[62] 그러므로 그의 연극은 관객 수용에 제한적 공간인 극장을 벗어나 공장, 거리, 역 등 삶의 공간으로 나아갔고, 군중연극을 연출했다. 이처럼 삶의 공간 자체가 극장이고, 관객이 배우가 되는 이러한 '삶의 연극화'는 연극이 군중의 잠재능력을 발전시키고, 극장은 "새로운 인간형성을 위한 행진공간"[63]이 되는 것이 그 목표였다.

새로운 인간형성을 위해 연극은 공동연기자로서의 군중관객에게 스스로 생산자 의식을 갖게 해야 했는데, 그 이유인즉, 브라우넥에 따르면, "모든 개인 안에 있는 생산자 의식을 깨우는 것은 새로운 소련 사회의 정치적 교육의 중심과제"였기 때문이다.[64] 그것은 다름 아닌 마르크스주의에서 사회발전 주동력이 군중에 있으므로, 메이어홀드에게 연극은 새로운 소련 건설의 이념을 군중에게 가장 잘 전달할 수 있는 정치적 선동 도구로, 매체로 기능했다. 그는 변화될 관객에 대해 다음과 같이 썼다.

> 혁명은 더 나은 관객을 만들었다. 관객은 이제 함께 작업할 것이며, 관심을 가지고, 질문하고, 살아간다. 관객은 새로운 이념들을 토

---

62 ibid., p.255.

63 ibid., p.260.

64 ibid., p.319.

론하고, 큰 문제들에 대해 태도를 결정한다.[65]

6. 표현주의 연극

용어 '표현주의(expressionism)'는 1901년 프랑스 화가 쥘리앙-오귀
스트 에르베(Julien-Auguste Hervé, 1854~1932)가 파리의 그림전시회 카
탈로그에 그 당시 외부세계의 뉘앙스 풍부한 인상들을 그린 인상주
의 화가들과는 달리, 자신의 고유한 내면세계를 표현하려고 한 세잔
(Paul Cézanne, 1839~1906), 고흐(Vincent van Gogh, 1853~1890), 마티스(Henrí
Matisse, 1869~ 1954)의 새로운 화풍을 구별하기 위해 썼다. 이후 '표현주
의'는 1911년 4월 독일 '베를린 분리파'의 제22회 전시회에서 반자연
주의적인 제스처와 형식, 색을 과장하는 프랑스 젊은 화가들에게 사
용되었고, 회화에서 음악으로, 그리고 문학과 연극에 적용되었다. 표
현주의 연극은 19세기 말 상징주의 연극과 마찬가지로 희곡문학의 생
산에서 비롯되었다.

1921~1923년 바우하우스에 가담하여 표현주의 연극을 옹호했던
로타르 슈라이어(Lothar Schreyer, 1886~1966)[66]는 표현주의를 다음과 같이

---

65 ibid.

66 슈라이어가 바우하우스에서 퇴임한 후, 그의 후임이 앞서 소개한 오스카 슐레
머다.

정의했다.

> 표현주의는 외면생활보다 내면의 체험세계를 상위에 두는 한 시대
> 정신의 경향을 의미한다. 표현주의는 예술 속에 인간의 내면적 체험
> 을 부각시키는 형태(Gestalt)의 예술을 창조한다. 현재는 정신의 영역
> 을 창설하는 시기이다. 표현주의자들이란 현재의 시인과 현재의 예
> 술가를 일컫는 대명사이다. [···] 우리는 무한한 정신의 영역을 위해
> 투쟁하는 것이다. 그리고 이 정신의 영역은 학문으로 이루어진 삶이
> 아니고, 비전(Vision)으로 이루어진 삶을 의미한다. 자연과 경험이 중
> 요했던 종래의 외면적인 삶의 자리에 이제 직감과 인식의 경험이 들
> 어서게 되었다.[67]

슈라이어에 따르면, 시대정신 표현주의는 외면에서 내면으로, 물질
에서 정신으로, 과학적 학문에서 비전으로, 인과적이고 논리적 사고
보다는 직관적 인식으로의 전환이며, 예술은 그 형상화였다. 화가 바
실리 칸딘스키(Wassily Kandinsky, 1866~1944)는 그의 가장 중요한 무대 구
성 작품 〈노란 소리(Der gelbe Klang)〉(1912)에서 "그의 내면의 소리(inneren
Klang)를 관객에게 전달하기 위해 '움직이는 형체, 적극적인 색채 효과
를 강조하고 음향을 사용함으로써 일관성 있는 줄거리는 오히려 배후
로 물러나게 하고, 무대 위에서 모든 극적 요소가 복합적으로 조화되

---

67 양혜숙, 「표현주의 연극의 이론과 상연」, 『한국연극학』 1, 한국연극학회,
    1981, 91~109쪽, 94~95쪽 재인용.

어 하나의 무대'가 이루어질 것을 강조했다."[68]

표현주의 희곡은 유럽의 1차 대전 전후 1910~1925년의 암울한 시기에 독일 젊은 극작가들이 주도했다. 이들의 문학 행위는 "급속한 산업화와 도시화로 인한 빌헬름적 독일의 문화 위기"를 극복하려는 시도이며 외침이었고, 물질 지향적인 시민 정신에 반대하는 정신혁명을 추구했다. 젊은 극작가들은 더 이상 행군이 불가한, 부패한 시민사회에 대항하여 시민문화의 "근원적 가치들(ursprüngliche Werte)"을 추구하며, "시민혁명이 계획하고 실현하고자 했던 인간성과 형제애로 돌아가" 새로운 시민문화를 이끌어 갈 새로운 인간과 돌진하는 삶, 세계관적 앙가주망의 행동주의를 외쳤다.[69]

반실증주의 및 반유물론적이고 반(反)현실적인 극작가들은 극단적인 주관주의에 빠져들었고, 인간의 주관적인 내면세계와 그 체험을 형상화하기 위하여 스웨덴 작가 아우구스트 스트린드베리(August Strindberg, 1849~1912)의 꿈 드라마의 드라마투르기를 모델로 삼았다. 재현미학을 완전히 이탈한 스트린드베리의 꿈 드라마는, 특히 삼부작 〈다마스커스를 향하여〉(1898~1904)와 〈꿈의 연극〉(1901)이 보여주듯, 주인공이 체험하는 주관적 시간으로 전개되며, 현실과 비현실이, 시간과 공간의 차원이 뒤섞이는 꿈의 형식을 취하며, 주인공과 관계

---

68 위의 글, 103쪽.

69 E. Fischer-Lichte, op.cit., p.308.

된 사건과 행위가 독자적인 정거장들의 연속으로 진행되는 정거장식 드라마(Stationendrama)다. 스트린드베리는 인간이 의식하는 낮의 현실과 무의식의 꿈, 환상을 연결하는 드라마투르기가 삶의 총체성 묘사를 가능하게 한다고 생각했다. 이러한 드라마투르기는 "자신 삶의 문제들에 붙들려 있던 스트린드베리에게는 스스로 소외된 자아 찾기"의 길을, 그리고 시민사회로부터 야기된 인간성 황혼에서 인간 재탄생의 비전을 내세운 독일 표현주의 극작가들에게는 "새로운 인간 찾기"의 길을 제공했다.[70]

표현주의 희곡은 기존의 시민사회 현실에서 산업화로 인한 개인의 삶을 비판 대상으로 삼았다. 그 개인은 특정 성격과 사회적 배경을 지닌 개성적인 인물이 아니라, 어떤 계급이나 무리를 대표하는 유형적 인물이다. 표현주의 희곡의 주된 관심은 비판 대상인 개인의 정신에 활력을 불어넣거나 소생시킴으로써, 시민사회의 고착된 합리주의와 기만적인 도덕, 사회의 속박에서 개인을 해방하는 것이었는데, 이를 위해서는 개인의 내적 '변화(Wandlung)'가 필요했다. 여기에서 '변화' 란 개인이자 공동체적 존재인 평범한 인간의 내적 혁명으로 인한 '새로운 인간', 곧 '표현주의적 인간으로의 승화'를 의미한다. 다시 말해, '새로운 인간'이란 정치와 경제, 사회질서 변혁에 앞서 정신 변화가 선행되며, 그러한 내적 변화를 통해 스스로 주체가 되어 "자신에 의

---

70   Manfred Brauneck, op.cit., p.209.

해, 자신과 함께, 그리고 자신을 통해서 세계를 변화"시키는 표현주의적 인간이다.[71]

〈칼레의 시민(Die Bürger von Calais)〉(1914), 〈아침부터 자정까지(Von morgens bis mitternachts)〉(1916), 〈가스(Gas)〉 3부작(〈산호〉 1917, 〈가스 I〉 1918, 〈가스 II〉 1920)을 포함해 70여 편을 극작한 게오르크 카이저(Georg Kaiser, 1878~1945)는 인간은 에너지 보유자이며, 그러기에 스스로 움직인다고 했다.[72] 이러한 인간관은 자연주의 희곡문학이 갖는, 인간은 생물학적 유전이나 사회학적인 환경에서 부자유한 숙명적인 존재라는 관점과 정반대에 있다. 이렇게 인간이 힘의 원동력이라는 표현주의적 인간관은 니체의 영향 아래 능동적이고 창의적인 인간의 이상화다. 혁명가와 같은 열정에 있는 젊은 독일 극작가들은 새로운 인간, 새로운 비전, 새로운 현실, 새로운 세계, 새로운 에토스, 곧 유토피아적인 미래 세계의 건설을 그들의 공통된 주제로 삼았다. 희곡 언어는 제한되어 단순하고 논리가 결여된 전보문의 특징을 지녔고, 이것은 표현주의 연극에서 신체 연기가 큰 비중을 차지하게 했다. 왜냐하면 표현주의 작가들은 "영혼(Seele)의 감동, 감정, 정서 등이 몸짓(Gebärde)이나 표정(Mimik)"에서 언어보다 "훨씬 더 직접적이고 즉각적이며 오해 없

---

71 조창섭, 『독일 표현주의 드라마』, 서울대학교 출판부, 1991, 54쪽.
72 김종대, 『독일 희곡 이론사』, 문학과지성사, 1989(3쇄), 123쪽.

는 직선적인 표현이 가능"[73]하다고 믿었기 때문이다. 그리고 표현주의 드라마는 무대의 추상화와 무대 도구 축소 및 상징화, 조명과 색채의 특수 배치 등 관객이 극장의 환영에서 벗어나는 기법을 사용했다.

1914년 후고 발(Hugo Ball, 1886~1927)은 "새로운 예술, 표현주의 연극(Theater der neuen Kunst, des Expressionismus)"[74]을 계획했으나, 최초 표현주의 연극은 1917년 막스 라인하르트(Max Reinhardt, 1873~1943)의 연출로 베를린에서 초연된 조르게(Reinhard Sorge, 1892~1916)의 〈거지(Der Bettler)〉(1912년 출판)였다. 이후 당대의 비평은 1918년 공연된 하젠클레버(Walter Hasenclever, 1890~1940)의 〈아들(Der Sohn)〉(만하임, 초연은 1916년)과 1919년 공연된 에른스트 톨러(Ernst Toller, 1893~1939)의 〈변화(Wandlung)〉(베를린), 레오폴드 예스너(Leopold Jessner, 1878~1945) 연출의 〈빌헬름 텔(Wilhelm Tell)〉(베를린)이 표현주의 연극이라는 데 동의했다.[75]

이렇게 출발한 표현주의 연극은 20세기 전환기에 태동하는 현대연극의 일관된 특징인 재현미학의 이탈은 같되, 문학으로부터의 해방을 주장한 연극운동과는 달리, 새로운 양식의 희곡문학과 연계하여 태어난 문학적 연극이었다. 현대연극의 모든 양식을 훌륭히 연출해낸 연출가 막스 라인하르트는 표현주의 연극에서도 희곡 텍스트의 요구와

---

73 양혜숙, 앞의 글, 104쪽.

74 조창섭, 앞의 책, 42쪽 재인용.

75 E. Fischer-Lichte, op.cit., p.308.

스타일, 본질적인 특성을 무대 위에 실현했다.

그럼에도 표현주의 연극은 20세기 전환기의 연극운동과 연극실험들이 요구하거나 실현한 형식적 요소들을 채택하며 연극예술의 자율성을 보존했다. 실례로 1921년 바우하우스의 연극실험 전에 로타르 슈라이어는 1919년 함부르크에 표현주의 연극실험에서 중요한 극장 '캄프-뷔네(Kampf-Bühne)'를 세웠고, 그곳에서 표현주의 문학 정신을 근거로 연극을 조명, 색, 음악, 소리, 신체 움직임 등 총체적이고 독자적인 무대 예술작품으로 발전시키는 작업을 했다. 그리고 라인하르트의 제자 레오폴드 예스너(Leopold Jessner, 1878~1945)는 표현주의 연극을 강력히 옹호하며, 셰익스피어의 〈리처드 3세〉(1920), 실러의 〈빌헬름 텔〉 등 고전 희곡을 표현주의 연극 양식으로 연출했다. 언어를 리듬화했고, 그의 공연 특징인 '예스너 계단(Jessner-Treppe)'을 세워 수직의 삼차원 공간을 구성했다. 지극히 단순하고 꾸밈없는 계단무대는 구체적 시공간이 없고, 계단의 위치와 오르내리고 서는 행위는 상징적인 의미를 만들어냈다.

표현주의 연극은 문학적 표현주의가 시들어가고 있던 1919~1930년 사이에 뮌헨과 베를린, 빈에서 전성기를 구가했다. 연기는 강력한 에너지의 격렬하고 격정적인 "무아경의 양식(ecstatic style)"[76]으로 감정 자체를 시각언어로 표현하고자 했다. 배우의 몸은 조각을 전시하

---

76   J.L. 스타이안, 앞의 책, 61쪽.

듯 기괴함과 역동성, 조형성을 창출했다. 표현주의 연출은 조명의 힘을 이용하여 "인체나 인체의 특정 부위를 부각시키는 집중 조명"[77]을 고안해내며, "본질적인 것만을 분명하게 제시하는 특정한 양식의 구현"[78]을 목표로 삼았다.

7. 역사적 아방가르드의 반(反)연극

앞에서 살펴본 상징주의 연극, 양식무대, 축제연극, 정치연극, 표현주의 연극은 삶과 연계하여 극장을 민족공동체와 관련된 사회적이고 도덕적인 기관으로 복구하려는 이상주의적 연극전통을 벗어나지 않았다. 이 연극운동들이 문학과는 다른, 연극의 연극성을 회복하고 새로운 연극 양식을 발견하려는 연극개혁(Theaterreform)이라면, 이 장에서 만날 역사적 아방가르드(historische Avantgarde)는 연극혁명(Theaterrevolution)이라 할 수 있는 반(反)예술로서의 연극을 지향했다. 반예술은 기존의 제도화된 예술에 대한 급진적인 부정을 통해서 새로운 삶을 소망했던 정치적 운동이기도 했다.

---

77 남상식, 「"인간과 예술" —아방가르드 연극운동과 새로운 연기의 방식 : 표현주의에서 바우하우스까지」, 『연극교육연구』 5권, 한국연극교육학회, 2000, 121~158쪽, 129쪽.

78 위의 글, 130쪽.

역사적 아방가르드의 혁명성은 그야말로 종래의 미학적 규범을 철저히 부정하고 전통을 파괴하며 절대적으로 새로운 것을 형상화하려는 반(反)예술 운동에 있었다. 그리하여 역사적 아방가르드는 전통적 미학 관습에 도발하는 장르나 매체, 즉 "서커스, 곡예, 스포츠, 버라이어티, 필름, 사진 투사, 신문, 속성 도안"을 채택했으며, 관습적인 예술 수용의 관조(觀照)가 자리한 곳에 관객을 극도로 도발하는 센세이션을 대신하게 했다.[79] 예술의 권위적 아우라는 파괴되고, 일상의 사물이 예술이 되었다. 이처럼 역사적 아방가르드는 종래와는 전혀 다른, 예술에 대한 새로운 이해를 열었다. 반(反)미학인 역사적 아방가르드 연극은 다른 연극개혁과 그 패러다임을 달리하였다. 연극예술의 이상적 모범을 음악에 둔 연극개혁가들이 있었다면, 역사적 아방가르디스트들은 조형예술과 관련된 '기계적인 것과 구성'으로서의 연극을 이상에 두었다. 연극개혁가들에게 영향을 끼친 바그너의 이념인 총체예술작품(Gesamtkunstwerk)은 역사적 아방가르드 연극에서 미래주의의 '통합연극(Synthetisches Theater)'으로 변화되었다.

역사적 아방가르드는 1909년 미래주의 선언문에서 시작되어 1916년의 다다이즘, 그리고 1921년의 초현실주의까지 이어졌다. 이 운동은 국제적이며 상호 매체, 상호 장르 간의 현상으로 나타났고, 파시즘의 독재가 유럽을 지배하는 1938년까지 활동했으며, 세계가 2차 대전

---

79   Manfred Brauneck, op.cit., p.176.

(1939~1945)을 겪는 동안 역사 속으로 사라졌다. 이후 이러한 탈매체적, 탈장르적, 그리고 예술과 삶의 탈경계적 반예술 운동은 1950년대 플럭서스(Fluxus)와 반개인주의적이며 반주관성을 강조하는 팝아트의 네오 아방가르드(Neo Avantgarde)로 이어졌다.

미래주의 연극

이탈리아 시인 필리포 마리네티(Fillippo Tommaso Marinetti, 1876~1944)는 1909년 2월 20일 파리의 일간지 『피가로』에 '미래주의(futurism)' 선언문을 게재하면서 새로운 예술의 출현을 세상에 알렸다. 그는 이 선언문에서 기성의 가치를 공격하며, 전통과 아카데미의 파괴, 전쟁, 애국적 군국주의, 기계, 기술, 남성을 찬미하고, 젊은 세대가 체험하는 혁명적인 현대의 삶에 대한 열정으로 자동차와 비행기 등 현대의 속도를 새로운 아름다움이라 주장했다. 이러한 미학에서 그는 합리적, 논리적으로 구축된 문장 밖의 언어로 의미 부재의 자유시(自由詩)를 만들었다. 미래주의의 반란은 20세기 전환기 이탈리아의 경제와 기술의 후진성, 정치적 혼란 및 오스트리아의 부분적 종속, 정신생활의 정체에 그 원인이 있었다.[80]

미래주의는 시, 회화, 문학, 연극, 영화, 무용, 건축, 무대기술, 정

---

80   ibid., p.179.

치 등 다양한 영역의 선언문을 발표하며, 이러한 자신들의 목표에 군중의 관심을 끌어들이기 위해 요란한 저녁 공연을 개최했다. 그와 같은 집회는 공개적으로 혼란을 야기하였고, 관중을 의도적으로 도발했다. 그렇게 관객은 공동행위자가 되었다. 이러한 군중연극 형식은 삶의 실제 상황을 예술 행위로 만드는 퍼포먼스였다.

퍼포먼스는 예술과 삶 간의, 예술 장르와 매체 간의, 무대와 객석 간의 탈경계 수단이 되어주었다. 일상의 소리, 즉 전철, 엔진 폭발, 기차 소리, 군중의 아우성 등을 담은 소음 음악을 퍼포먼스에 동반하기도 했고, 무용에서는 현대 기계의 움직임과 그 소음을 형상화하려고 했다. 다다이스트 휠젠베크(Richard Huelsenbeck, 1892~1974)는 마리네티가 예술에 끌어들인 소음주의를 "자연 회귀의 종류"라고 규정했다.[81] 마리네티는 1917년 「미래주의 무용 선언문(Manifesto of a Futurist Dance)」에서 포탄의 일종인 '유산탄(硫散彈) 춤(The shrapnel dance)'을 제안하며 "대포 포구에서 날아오르는 탄환이 울려 퍼지는 소리와 같은 스텝"을 지시했고, 또 '여류 비행가의 춤(Dance of the aviatrix)'에서는 "동체가 습격한 전후좌우의 움직임으로 비행기가 이륙하려고 하는 지속적인 자극으로 표현하라!"고 했다.[82] 미래주의 회화도 고정된 순간이 아닌 동

---

81 Ulrich Hossner, *Erschaffen und Sichtbarmachen: Das theaterästhetische Wissen der historischen Avantgarde von Jarry bis Artaud*, Bern; Frankfurt am Main; New York, 1983, p.118.

82 로스리 골드버그, 『행위예술』, 심우성 역, 동문선, 1991, 34쪽 재인용.

적 감각을 추구하며 화가는 행위자가 되었다.

미래주의 연극에 영향을 준 이는 종래의 연극적 관습에 도발을 감행한 알프레드 자리(Alfred Jarry, 1873~1907)였다. 마리네티가 1905년에 출판한 그의 첫 희곡 〈방방스 왕(Roi Bambance)〉은 자리의 〈위비 왕(Ube Roi)〉(1896)을 모범으로 썼으며, 초연은 1909년 파리의 테아트르 드 뢰브르에서 이루어졌다. 이후 그는 1913년 「버라이어티-연극(The Variety-Theatre)」 선언문에서 줄거리 없이 노래와 춤, 곡예, 어릿광대, 영화 등 다양성으로 구성되는 버라이어티를 미래주의 연극의 모델로 간주했다. 선언문은 버라이어티에 대해 다음과 같이 썼다. 그것은 현재성으로 살며, 새로운 가능성의 창출과 관객에게 충격을 주는 기회를 소유하고, "숙련, 속도, 힘, 혼란 그리고 우아"를 제공하기 위해 뇌와 근육들을 다 쓰고, "새로운 미래의 민감성에 있는 요소들의 도가니"로 모든 것들을 통합하고, 역동성과 동시성, 관객의 협업이 있고, 남성에겐 공명을 가르치는 학교다. 그리고 "아주 정념적이고 혼란한 문제들과 불쾌한 정치적 사건들은 강렬하고 신속하게", 그리고 "현대 생활의 지배법칙들"은 버라이어티가 분명하게 설명한다. 더욱이 "태생이 반아카데믹하고 원초적이고 소박"한 버라이어티는 "예술에서의 축제성, 성스러움, 진지함 그리고 숭고를 파괴"하고, "불후의 명작을 미래적으로 파괴"한다.[83] 이 같은 설명으로 마리네티는 버라이어티가

---

83 Marinetti, "Das Varieté", Manfred Brauneck, op.cit., pp.85~89.

미래주의적인 반(反)예술적 연극 양식임을 선포했다.

그리고 미래주의자들은 통합연극을 추구했다. 마리네티와 세티멜리(Emilio Settimelli), 코라(Bruno Corra)는 1915년 「미래주의 통합연극 선언(The Synthetic Futurist Theatre: A Manifesto)」을 발표했는데, '통합'을 다음과 같이 설명했다. 통합은 "매우 짧다. 몇 분 안에 몇 안 되는 대사와 제스처로 무수한 상황, 감성, 이념, 감각, 사건, 상징을 응축하는 것이다."[84] 이처럼 근본적인 것으로 제한하는 축소를 통해서, "아주 빠르고 간결한 미래주의적 민감성에 완전히 일치"하는 새로운 연극이 통합연극이다.[85] 통합연극은 마리네티가 「버라이어티-연극」 선언문에서 언급한, 하루 저녁에 그리스 비극, 프랑스와 이탈리아 비극의 전체 레퍼토리를 짧게 줄여서 우스꽝스럽게 뒤섞어 공연하거나 또는 셰익스피어 작품을 단막으로 줄여버리는 버라이어티와 같은 맥락에 있었다.[86]

통합연극의 주요 미학은 동시성이다. 이 동시성은 "즉흥, 번뜩이는 직관과 영향을 끼치고 계시적인 효과를 내는 현재성에서 생겨난다." 이것은 미래주의자들의 일의 가치와 연결되었다. 즉 그들에게 일의 가치는 오랜 준비(달, 해, 세기)가 아닌 즉흥(시간, 분, 초)에 있었기 때문

---

84 ibid., p.92.
85 ibid., p.93.
86 ibid., p.91.

이다.[87] 연극에서의 동시성은 무대, 객석, 오케스트라 박스 등 여러 공간에서 동시에 모든 관객과 함께 전개되므로, 관객에게는 이러한 동시적 일들에 대해 즉각적인 직관이 요구된다. 미래주의 연극은 이렇게 관객을 종래 연극의 수동적인 역할에서 해방하고, 현재 삶의 순간들을 현대적 속도감으로 형상화하며, 관객에게 새로운 미래주의적 감수성을 훈련하는 장을 제공하고자 했다.

미래주의자들은 기계적인 움직임, 인형과 사람이 함께하는 무용, 행위자 없는 무대장치와 조명만으로 행해지는 빛의 발레, 배우의 연기 대신 조형적인 조명 표현 등 테크닉화된 급진적인 표현 양식들을 실험했다. 마리네티의 연극 〈발(Feet)〉(1915)은 행위자의 발과 오브제들만이 등장했고, 〈그들이 오고 있습니다(They're Coming)〉(1915)에서는 소도구가 주역이었다. 이렇게 미래주의 연극은 '오브제 연극(object theater)'을 추구하는 조형적 연극으로 나아갔다.

다다이즘 연극

우리에게 잘 알려진 다다이스트는 뉴욕에서 활동한 프랑스 화가 마르셀 뒤샹(Marcel Duchamp, 1887~1968)이다. 1917년 뉴욕의 독립예술가협회 전시전에서 그가 선보인 작품은 종래의 문화와 예술을 부정하고

---

87   ibid., p.94.

파괴하는 예술이었다. 그의 작품은 레디메이드(ready-made)인 일상의 사물, 소변기였고, 제목은 〈샘(Fountain)〉(1917)이었다. 이 센세이셔널한 작품 전시는 예술적 대상과 그 가공에 부여된 예술의 절대성을 부인하고, 예술의 권위적 아우라를 파괴하는 사건이었다. 이것은 시민사회의 부르주아적 엘리트 예술과의 결별을 의미하고, 예술과 반(反)예술의 경계를 허물었으며, 종래의 예술 개념에 대한 재검토를 관객에게 요구했다.

다다운동은 한때 베를린 표현주의 그룹에 속해 있던 후고 발에 의해 시작되었다. 그 출발은 그가 취리히에서 1916년 2월 5일에 개최한, 주점 '카바레 볼테르(Cabaret Voltaire)'의 저녁 공연이었다.[88] 스위스 특히 취리히는 1차 세계대전의 발발로 인해 유럽 지식인들이 집합하는 도시였다. 망명한 보헤미안들이 '카바레 볼테르'에 모여들었고, 이들이 공유하는 정신적 운동이 '다다이즘(dadaism)'이었다. 미래주의자들의 전쟁 찬미와는 달리, 다다 사람들을 묶어준 것은 전쟁 반대였다.

'다다'는 발과 휠젠베크가 찾아낸 새로운 언어였는데, 발은 다다를 '루마니어의 yes, yes, 프랑스어의 목마(hobby-horse)와 흔들목마(rocking horse)이며, 독일어로는 어리석은 단순함, 출산의 기쁨과 유모차에 부

---

88 카바레는 작은 예술 형식으로 소형 무대에서 독백, 대화, 판토마임, 연극적 장면, 시와 발라드, 풍자적이고 논쟁적인 노래와 음악 등을 보여주는 오락적 연극이다.

착하는 기호'[89]라고 설명했다. 다다 자체는 이렇게 특별한 의미가 없었으나, 그 목표는 "이성의 속임수를 파괴하고 비이성적인 질서를 발견"[90]하는 것이었다. 휠젠베크는 취리히 다다 이후 베를린 다다를 창설하면서 다다의 의미를 다음과 같이 설명했다.

> 다다는 용기, 경멸, 탁월, 혁명적 항의, 지배하는 논리와 사회계급 폐지, 역사 부정, 완전한 자유, 무정부, 시민 폐지를 의미한다.[91]

위의 정의와 같이 다다이스트들은 유럽 전통과 시민사회를 거부하고, 고정되지 않고, 끊임없는 생동감에 있는 새로운 삶과 예술을 '다다'로 규정했다. 베를린 다다그룹의 건축가 요한네스 바더(Johannes Baader, 1875~1955)는 다다의 그 새로운 삶과 예술을 이렇게 정의했다.

> 다다이스트는 규정할 수 없는 온갖 형태로 살고자 하며, 또 이렇게 알고 말하는 자이다. 삶은 단지 여기에만 있는 것이 아니라, 저기, 저기에(da, da)![92]

'카바레 볼테르'의 첫 저녁 공연은 불어와 덴마크어 노래, 루마니아

---

89 로스리 골드버그, 앞의 책, 96쪽.

90 한스 아르프의 말. 디트마 엘거, 『다다이즘』, 김금미 역, 마로니에북스, 2008, 9쪽 재인용.

91 Manfred Brauneck, op.cit., p.192 재인용.

92 디트마 엘거, 앞의 책, 뒤표지글 재인용.

어 시 낭독, 오케스트라의 유행곡과 러시아 무용곡 연주 등 국제적이
었다.[93] 밤마다 즉흥적인 퍼포먼스에 관객은 공동 행위자가 되었다.
그러나 이러한 연극적 형식의 출발에도 무대는 다다이스트들의 예술
대상이 아니라, 그들의 행위와 성찰의 도구였다. 무엇보다 작은 무대
카바레는 삶과 예술을 통합하는 예술형식이었고, 다다가 강조하는 자
발적 창조성의 표현 수단이 되어주었다.

그러한 배경에는 1901년 베를린에서 파리의 '샤누아르(Chat noir)'를
모델로 처음 열게 된 카바레가 있었고, 그 묘사와 수용 관습이 전복
적인 성향을 지녔다는 데에 있었다. 이러한 카바레적인 예술 무대는
1916~1919년 취리히의 다다와 1920~1923년 파리의 다다에서 일관
되게 행해진 다다의 고유한 연극모델이었다.[94] 1919년 파리로 건너가
다다를 이어간 트리스탕 차라(Tristan Tzara, 1896~1963)는 카바레의 퍼포
먼스가 "관객의 내부에 절대적인 무의식의 회로를 확립시키는 데 성
공하였으며, 사람들은 (퍼포먼스를 통해) 편견으로 이루어진 교육의 한
계를 잊어버리고 새로운 것의 혼란을 경험"[95]한다며, 그 예술적 방법
을 높이 평가했다.

다다는 시민문화와 그 가치에 대한 조롱을 예술대상으로 만들었고,

---

93 로스리 골드버그, 앞의 책, 89~90쪽.
94 Ulrich Hossner, op.cit., p.114.
95 로스리 골드버그, 앞의 책, 109쪽 재인용.

그것은 관객모독으로 나타났다.

　　돈 만세! 돈 있는 남자는 명예 있는 자. 명예가 엉덩이처럼 자신을
사고 자신을 판다. 엉덩이가 감자튀김같이 삶을 대표한다. 그리고 너
희 모두는 너희의 진지함과 함께 소똥보다 더한 악취를 풍긴다. 다다
에 관하여서는, 그것은 악취를 풍기지 않는다. 아무것도 의미하지 않
는 진정 무(nichts, 無)다. 다다는 너희의 희망같이 무, 너희의 파라다
이스같이 무, 너희의 우상같이 무, 너희의 정치적 지도자들같이 무,
너희의 영웅같이 무, 너희의 예술같이 무, 너희의 종교같이 무다. 아
가리가 나에게 휘파람 불고, 소리 지르고, 때려 부순다.[96]

이러한 다다의 파괴적 도발은 관객의 적극적인 참여를 불러일으켰다.
그들은 토마토, 달걀 등을 무대 위로 투척하며 응수했다. 사람들은 이
런 소란스러운 다다의 광경을 "지식인들의 퇴폐 현상"[97]으로 간주했다.
　다다의 원칙은 자발성과 생동감, 우연이었다. 이 원칙에 근거하여
발은 시 낭송에서 음성의 직접적인 영향에 있는 동시 시와 음성시를
만들었다. 동시 시는 문학의 음악적 실험으로 여러 명이 미친 듯이 혼
란스러운 목소리로 동시에 시를 낭송하는 것인데, 이러한 시 낭송은
참호에서 듣는 굉음이나 현대 도시 사회의 역동성을 상징했다. 이것
은 언어의 의미보다 음성적 재료에 우선권을 준 것이었고, 그렇게 언

96　Ulrich Hossner, op.cit., p.116 재인용.

97　ibid., p.117.

어적 기호는 의미로부터 분리되었다. 리듬과 억양, 외침의 언어는 마술적 힘을 표명했고, 청중의 이해력에 호소하지 않는 감각적 경험의 대상이 되었다. 일상적 소통의 사회적 도구인 언어는 그 의미와 기능이 파괴되었는데, 이것은 원형을 생산하기 위한 필수적 전제였다. 그러므로 다다 예술의 의미 부재는 존재의 자발적 포착이지 무의미함이 아니었다. 생동적인 음성의 무대에 얀코(Janco)의 가면은 미술, 조형, 음악, 무용, 문학을 통합하며, 동시 시와 음성시의 연극적 효과를 획득했다. 가면은 "인간형상에 추상화 테크닉을 확장"[98]한 것인데, 발은 이 가면에 대해 그것은 "인간적이 아니라 살아남은 거대한 성격과 정열들을 형상화"하고, "시대적 공포와 사물들의 마비된 배경을 보이게 만든다"고 했다.[99] 즉 가면이 당대가 잃어버린 원형을 찾아주는 것이었다.

다다의 카바레와는 달리, 홀로 자신의 고유한 다다이즘을 발전시킨 독일의 화가이며 시인이었던 쿠르트 슈비터즈(Kurt Schwitters, 1887~1948)는 그의 '메르츠 무대(Merzbühne)'에서 인간을 사라지게 하거나 재료로 이용했다. 그는 1918년 재료연극(Materialtheater) 프로젝트를 발표했고, 1919년에는 자신의 글 「메르츠 회화(Die Merzmalerei)」에서 메르츠 예술의 원리를 설명했다.

---

98 ibid., p.122.
99 ibid., p.123 재인용.

메르츠 회화의 그림들은 추상적인 예술작품이다. 단어 메르츠는 근본적으로 예술적 목적들을 위하여 모든 생각할 수 있는 재료들의 결합과 기술적으로 개개의 재료들의 원칙적인 동일한 평가를 의미한다. 이와 같이 메르츠 회화는 색과 캔버스, 붓과 팔레트만이 아니라 눈으로 인지할 수 있는 모든 재료와 필요한 모든 도구를 사용한다. […] 유모차 바퀴, 철망, 매는 끈, 그리고 솜이 색과 같은 권리에 있는 요소들이다. 예술가는 재료의 선택과 분배, 왜곡된 변형을 통해 창조한다.[100]

슈비터즈는 메르츠 회화의 구성원칙인 콜라주(collage)를 "회화와 조각에 반(反)하여 공간적이고 역동적이며 더 확장된 감각적 가능성들"[101]을 지닌 무대에 적용하였다. 메르츠 무대에는 총체적 일상의 모든 것이 장면 형상화를 위한 재료가 되었는데, 예를 들어 "흰 벽, 인간, 철조망, 분수, 푸른 원경, 원뿔형의 불빛", "바이올린, 북, 나팔, 재봉틀, 째깍거리는 시계 등이 만드는 총체적 소리와 소음들", 그리고 "이해력과 느낌을 불러일으키는 총체적 경험들" 등등이다.[102] 이러한 재료들은 예술가에 의해 왜곡된 변형 상태에서 행위 주체가 되고, 인간은 재료적 가치로서 표현력을 상실한 왜곡된 변형에 있으며, 재료들의 행위에 통합된다. 슈비터즈의 메르츠 무대는 임의적인 재료와

100 Manfred Brauneck, op.cit., p.203 재인용.

101 Ulrich Hossner, op.cit., p.124.

102 Kurt Schwitters, "Die Merzbühne". ibid., p.124 재인용.

행위배열의 콜라주 연극이며, 배우의 개념은 거부되고, 각 장면은 관련이 없으며, 의미 지시나 표현 중개 없는 시각적이고 감각적인 것에 우선권이 부여되었다. 그러므로 메르츠 무대는 "쓰이거나, 읽게 되거나 또는 듣게 되는 것이 아니라, 오직 극장에서 경험될 수 있다."[103]

다다의 원칙인 우연과는 반대로 슈비터즈는 무대의 대상들을 논리성으로 연결했다. 다다가 예술의 세워진 질서를 파괴하고자 했다면, 슈비터즈의 논리성은 메르츠 무대작품에서 "부조화적인 것, 불협화음의 것, 왜곡된 것의 콜라주"[104]로 드러났다. 이 논리성에 대해 그는 다음과 같이 설명했다.

> 재료들은 그들의 물적인 관계에서 논리적이 아니며, 다만 예술작품의 논리성 내부에서만 사용될 수 있다. 예술작품이 이해력에 적합한 물적인 논리성을 강력하게 파괴할수록, 예술적 구성의 가능성은 더 커진다.[105]

그리고 슈비터즈는 논리성에 의한 장면적 재료통합을 추구했다. 그러나 이는 미래주의의 '통합연극'과는 다른 점이 있었다. 슈비터즈에게는 "예술적 형상화는 목적이 없다. […] 예술은 오직 부분들의 가치

---

103 ibid., p.125 재인용.

104 ibid.

105 ibid 재인용.

를 통한 균형"[106]이었기에, 미래주의의 통합 위에 있는 이념적인 묘사의 목표가 부재했다. 미래주의자가 현상 뒤에 있는 본질을 재료의 본능 또는 의지로 규정하고 본질을 지시하려 했다면, 슈비터즈의 무대의 대상물은 '인간 정신의 생산성을 표명하는 예술을 위한 예술'을 창조했다.[107] 이러한 차이에도 다다와 미래주의는 동일 원칙을 가졌다. 그것은 재료 가치에 있는 도구들의 장면화와 도구들의 결합이 동시적으로 진행되는 역동적 통합에 있다는 것, 그리고 이것이 우연의 논리와 무의식의 질서 원칙에 종속된다는 점이었다. 즉 동시성, 우연, 무의식의 원칙이었다.

인간을 오브제로 간주하는 연극 외에 인간을 기계적인 조형성에 두려는, 프랑스 화가이자 무대미술가 페르낭 레제(Fernand Léger, 1881~1955)의 '기계미학'이 있다. 이 새로운 미학적 패러다임은 그를 미래주의와 취리히 다다그룹의 지도적 인물이 되게 했다. 그는 배우의 "육체적 표현이 항상 지나친 감상적인 문제"라고 여겼고, "인간의 형상을 순수한 대상으로 지각하지 않았으며, 기계를 조형적으로 보았기 때문에 인간 형태에 기계와 같은 조형적 성격을 부여하려고 했다."[108]

---

106 Manfred Brauneck, op.cit., p.203.

107 Ulrich Hossner, op.cit., p.127.

108 Fernand Léger의 말. Manfred Brauneck, op.cit., p.218 재인용.

초현실주의 연극

미래주의와 다다의 동일 원칙인 우연은 무의식과 비합리를 창조 과정의 원천으로 만드는 예술가의 방법론을 가져온다. 이미 1912년 미래주의 창시자 마리네티는 의식적 의지표현을 멀리하는 문학적 생산 과정에 대해 기술한 바 있다. 이것은 다다 이후 이어지는 초현실주의(surrealism)의 자동기술(écriture automatique)을 연상하게 한다.

> 쓰고 있는 손은 몸으로부터 자신을 떼어내고 자유로이 자신을 확장한다. 매우 멀리 뇌로부터, 뇌는 똑같이 몸으로부터 자신을 분리하고 미학적이 되며, 위에서 아래로 놀라운 명백함으로 펜에서 흘러나오는 기대하지 않은 문장들을 주목한다.[109]

다다에 참여했던 앙드레 브르통(Andre Breton, 1896~1966)은 "쉬르레알리슴은 다다의 잿더미 속에서 탄생한 불사조"[110]라고 하며 초현실주의의 탄생을 선언했다. 그는 파리에서 다다의 활동한 이어간 트리스탕 차라를 대체하는 인물이 되었다. 1919년 프로이트의 무의식 탐구에 매료되어 있던 그는 자동기술에 의한 초현실주의 시 「자석(Les Champs magnétiques)」을 1921년에 출간했다. 그러나 초현실주의 운동을 공개적

---

109 Ulrich Hossner, op.cit., p.126 재인용.
110 정병희, 『현대 프랑스 연극』, 민음사, 1995, 82쪽 재인용.

으로 알린 것은 1925년 『초현실주의 제1선언문(*Manifeste du surréalisme*)』의 출판이었다.

　브르통은 초현실주의를 "남성 명사, 순수한 심적 자동 현상, 구술, 기술, 그 외 모든 방법으로 사고의 진정한 움직임을 표현하려고 하는 시도"라고 정의했다. 그리고 "이제까지 무시되어 온 어떤 종류의 연상 형식이 갖고 있는 보다 깊은 리얼리티"[111]를 드러내기 위한 시도를 자동기술(automatisme)이라고 했다. 이 개념은 자유연상(free association)에서 발췌해낸 말과 이미지로 이루어진, 독자적인 예술적 무질서론을 의미했다. 초현실주의는 자동기술 외에 콜라주, 프로타주(frottage) 등으로 이루어진 "무정형의 체계", "무정형의 미학"을 낳았다.[112]

　초현실주의자들의 무질서론은 인간의 내면에는 무의식의 세계가, 우주의 심층에는 "카오스적인 생명력의 움직임"[113]이 존재한다는 믿음에 근거한다. 그들은 이러한 인간과 세계를 총체적으로 인식하고자 했다. 그것은 무의식의 세계와 카오스적 세계, 즉 신비의 영역을 밝히는 일이었다. 그러나 이 세계는 이성적 접근이 불가하다. 초현실주의자들은 이 세계를 이성적 사유에 의한 논리적인 대립개념들 — 주체와 대상, 정신과 물질, 현실과 상상, 선과 악, 미와 추 등 — 의 분리

111　로스리 골드버그, 앞의 책, 136쪽.

112　신현숙, 『초현실주의 : 각 분야에 나타난 모험적 정신과 그 한국적 수용』, 동아 출판사, 1992, 116쪽.

113　위의 책, 115쪽.

없이, 이것들이 "한데 어울려 상호 침투하는"[114] 세계로 간주했으므로, 오직 그 접근을 가능케 하는 것은 인간의 이성이 아닌 상상력의 자유로운 활동에 있다고 생각했다.

그러므로 초현실주의자들은 현실과 대상을 재현하는, 즉 현실과 대상의 종속에서 벗어나는 상상력의 해방을 주장했다. 오직 상상력만이 대립하는 것들의 경계를 허물고, 대립적인 것과 모순적인 것들의 융합을 가져오므로, 초현실주의자들은 상상력을 통해 대립과 모순의 단절이 아닌 서로의 연관성을 찾아 드러내려 했다. 곧 그들이 찾아서 드러내고자 하는 세계는 대립하고 모순된 것들이 모이고 융합하는 절대적 현실, 다시 말해 "더 이상 모순들이 모순적인 것으로 지각되지 않는 정신의 어떤 지점"[115], 바로 초현실이었다. 초현실은 현실의 외부에 있지 않고 현실 속에 포함된 정신의 어느 지점에 있으며, 이것을 찾아내어 그려내 주는 것이 시인과 예술가의 역할이었다.

삶과 죽음, 현실과 상상, 과거와 미래, 소통 가능한 것과 소통 불가능한 것이 모순으로 인식되지 않는 정신의 어떤 점이 존재한다는 것을 모든 것이 믿도록 해준다. 그런데 초현실주의 활동에서 이 점을 설정하려는 희망 이외에 다른 동기를 찾으려 한다면 그것은 헛된

---

114 위의 책, 같은 곳.
115 위의 책, 117쪽.

일이다.(브르통, 1930)[116]

　모든 이율배반적인 것들이 사라지는 통합의 세계인 초현실은 "이성적 사고의 독선이 은폐하고 있던 어떤 세계가 홀연히 나타날 때"의 경이를 준다. 이 경이는 "관습적, 미학적 질서 바깥에 있는 어떤 것을 보거나 느낄 때" 일어나며, 동시에 "현실에 대한 거부이자, 그 거부 덕택에 무너진 현실의 경계선 너머의 새로운 세계와의 관계 맺음"이다.[117] 브르통은 『초현실주의 제1선언문』에서 "그 어떤 경이라도 미(美)이다."[118]라고 적었다. 상상력의 해방은 이러한 초현실의 미(美)를 가능하게 하고, 또 예술가에게 완전한 창의력의 자유를 준다. 이렇게 초현실주의 예술은 인간 정신의 해방을 추구했다.

　초현실주의 희곡은 프랑스 시인이자 작가인 기욤 아폴리네르(Guillaume Apollinaire, 1880~1918)가 1917년 자신의 희곡 〈테레지아스의 유방(Les Mamelles de Tirésias)〉을 '초현실주의 극'으로 정의하면서 처음 사용되었다. 그에 따르면 초현실주의는 현실에 근거하면서 현실을 모방하지 않는 태도이다. 즉 "사진사와 같이 자연을 모방하는 것이 아니라, 인간이 인간의 걸음걸이를 흉내 내려고 생각했지만, 다리와는 전

116　박기현, 『프랑스 문화와 상상력』, 살림출판사, 2013, 41~42쪽 재인용.
117　신현숙, 앞의 책, 119~120쪽.
118　위의 책, 122쪽 재인용.

혀 다른 자동차 바퀴를 만들어냈듯 인간은 자기도 모르는 사이에 쉬르레알리슴(surrealism)을 실천했다."[119]

프롤로그와 2막으로 구성된 〈테레지아스의 유방〉은 여성들이 아기 낳기를 거부했던 잔지바르시(市)의 여성운동에 관한 내용을 다루었다. 붉고 푸른 풍선을 가슴에 두른 테레즈는 코와 턱에 수염이 난 테레지아로 변하고, 잔지바르 시민들은 알프레드 자리(Alfred Jarry, 1873~1907)의 〈위비 왕〉의 군대처럼 한 사람이 대표하고, 각 장면의 제목과 플래카드 사용, 커다란 메가폰, 그릇과 냄비 등 소음이 뒤섞인 효과음이 있으며, 제2막의 신문기자는 얼굴에 커다란 입만 붙어 있는 등 사실주의 연극을 공격했다. 이 희곡은 1917년 6월 24일 몽마르트르의 소극장, 모벨 극장(Théâtre Maubel)에서 하루 저녁만 공연되었다.[120]

이후 초현실주의 미학에 있는 진정한 의미의 초현실주의 연극은 앙토냉 아르토(Antonin Artaud, 1896~1948)에 의해서 이루어진다. 아르토는 1926년 초현실주의 모임이 공산주의 지지를 표방할 때까지 초현실주의자들과 함께했다. 같은 해 그는 다다이스트 로제 비트락(Roger Vitrac, 1899~1952)과 함께 알프레드 자리 극장(Théâtre Alfred Jarry)을 창립했고, 이로써 전통적인 연극미학에 도전한 자리가 자신의 진정한 출발점에 있음을 보여주었다.

---

119 정병희, 앞의 책, 49쪽 재인용.
120 위의 책, 47쪽.

브레히트의 정치적인 이념 비판과는 달리, 아르토는 문화 비판에서 서양 연극의 문제점을 보았다. 즉 서양 연극은 담화적 지성으로 삶을 교훈하고 있었고, 예술과 삶 간의 과도한 괴리를 가져왔다. 아르토는 그 원인을 연극의 문학 재현에서 찾았다. 그리고 크레이그와 푹스 등 연극개혁가들처럼 문학 텍스트로부터 독립된 연극의 자율성을 주장했다. 그럼에도 그가 알프레드 자리 극장의 창립자이자 연출가로 일한 1926~1930년까지는 대화 형식의 희곡에 의지했다. 그러나 이후 책의 삽화로 연극을 묘사하며 그 위계를 떨어뜨리는 것을 급진적으로 거부했다.[121]

아르토의 연극적 이상은 숭배적이고 마법적인 제의에 있었다. 그는 1931년 파리에서 개최된 식민지 전람회의 발리섬 연극을 만난 후 동양의 신비한 제의적 연극에 심취했다. 이러한 제의적 연극에서 그는 초현실주의자들이 초현실적인 미의 한 본보기로 간주하는, "소위 합리성이 나누어놓았던 지각과 재현이라는 이원성을 일원화"[122]하는 '원시주의'를 발견했다. 동양 연극은 서구의 "분석적인 이원론에서 벗어나 인간의 전(全) 존재를 문제 삼는 일원론적 세계인식"[123]에 있기 때문이었다. 아르토는 문학 텍스트에 석화되고 속박되어 있는 서양 연극

---

121 Ulrich Hossner, op.cit., p.231.
122 신현숙, 앞의 책, 116쪽.
123 위의 책, 263쪽.

을 갱생하기 위해서는 동양의 제의적 연극의 힘과 원형을 찾아야 하며, 진정한 연극은 이야기하는 연극이 아닌 무의식을 해방하고, "생을 우주적인 광대한 양상 아래서 번역해내야 하는 신화의 장"이라고 규정했다.[124]

아르토의 합리주의 비판은 합리주의적 사유 시스템 안에 있는 삶의 결여에 있었다. 그러므로 그는 문학 언어의 기초 위에 있는 무대 위 대화를 거부한다. 종래의 서양 연극이 관객의 심리적, 육체적 유기체에 반(反)하여 관객의 지성에 특권을 주었기 때문이다. 그래서 그는 심리적이고 교훈적이며 해석적인 언어의 기능을 포기하고, 그 대신 언어의 감각적인 질, 곧 소음과 소리로 말의 마법적 힘을 끌어내려고 했고, 자연언어인 몸짓으로 대체하고자 했다. 그의 연극 목표는 연극 도구의 총체적인 효과에 있었으며, 아르토는 이것이 삶을 묘사한다고 생각했다.

관객 역시 이러한 연극적 삶/현실에 참여해야 하는데, 아르토의 참여 모델은 페스트의 드라마로 표현되었다. 이 표현은, 재앙적인 힘의 은유인 페스트가 페스트 환자에게나 건강한 자에게나 고양된 신체 의식을 동일하게 전달하므로, 연극이 페스트처럼 관객에게 전파 위험이 되는 것을 말한다. 즉 "실제적 연극 작품은 감각의 고요를 교란하고, 응축된 무의식을 자유롭게 하고, 잠재적인 반란의 종류로 몰아간

---

124 위의 책, 262~263쪽.

다."[125] 1932년 아르토는 제1차 잔혹극 선언문을 발표하고, 이듬해에 제2차 잔혹극 선언문을 통해서 잔혹극 이론을 보충했다. 그는 자신의 잔혹극이 "관객들의 무리를 엄청나게 무시무시한 중세의 흑사병, 즉 페스트의 공포로 급습하고, 그것이 덮치는 모든 사람한테 물질적, 정신적, 도덕적으로 완전한 대격변을 일으키는 엄청나게 파괴적인 충격을 던져주기를 원한다."[126]고 피력했다.

이렇게 관객의 잠든 감각들을 깨우는 충격은 관객이 마침내 초현실주의가 갈망하는 현실과 꿈, 의식과 무의식이 섞이는 존재의 심연에 도달할 수 있도록 의도된 것이다. 잔혹극은 제의에서 죄의 정화가 일어나듯, 관객의 생명력 있는 새로운 에너지가 표면으로 드러나도록 만드는 데에 그 목표가 있었다. 그러므로 잔혹극의 폭력은 파괴에서 새로운 창조로 이어지면서, 연극은 인간과 세계를 변혁시킬 수 있는 힘이 되는 것이다. 아르토의 연극은 모형 인형과 실제 배우들의 혼합, 거대한 가면과 양식화된 표정, 느린 동작의 연기와 강렬하며 얼어붙은 듯한 손동작 등 기괴한 무대를 그려냈다.

초현실주의 연극은 심리적 통일성이 결여된 극인물, 사물, 인과적 연속성이 없는 내용, 꿈과 현실이 혼합된 시간, 공간의 무질서와 혼란으로 상상력에 있는 시(詩)적인 무대를 만들려고 했으며, 이러한 무질

---

125 Antonin Artaud, "Theater und die Pest". Ulrich Hossner, op.cit., 234쪽 재인용.
126 J.L.스타이언, 『상징주의와 초현실주의 부조리극』, 129쪽 재인용.

서와 혼란은 관객을 보다 높은 '시적' 인식에 접할 수 있게 한다고 생각했다.

제3장

연출가연극과 드라마투르기

: 재현에서 재의미화로

연출가연극과 드라마투르기

:재현에서 재의미화로

독일어 '드라마투르기(Dramaturgie)'는 드라마와 관계된 용어다. 영어로는 드라마터지(dramaturgy), 불어로는 드라마튀르지(dramaturgie)라고한다. 독일어 '드라마투르기' 그대로 사용되는 이유는 독일의 첫 드라마투르그인 고트홀트 에프라임 레싱(Gotthold Ephraim Lessing, 1729~1781)이 처음 사용하면서 개념이 정립되고 알려졌기 때문이다. 레싱 이후드라마투르기는 연극예술에 하나의 전문 영역으로 인식되고, 극장에드라마투르기라는 분과와 드라마투르그라는 직업으로 자리 잡았으며, 유럽의 다른 나라 극장에도 전파되고 이식되었다.

이 장은 드라마투르기의 개념에 대한 기본적인 이해로 시작한다. 희곡의 극작술 탐구와 연극 영역으로의 확장, 그리고 드라마투르그의 역할과 그 영역을 살펴보고, 희곡과 연극에서 재현적 드라마투르기가 무엇인지 그 역사를 따라가며, 드라마투르그가 하는 재현적 드라마투르기는 어떠해야 하는지를 찾아본다. 그리고 20세기 전환기가 처한 재현의 위기는 왜 일어나며, 어떤 현상들로 나타나는지, 그 결과 재의미화의 드라마투르기로 변화하는 연출가연극의 미학이 무엇인지를 고찰한다.

1. 드라마투르기

극작술 탐구

그리스어 'drān(행동하다)'의 명사형 '행동'을 뜻하는 드라마(drama)는 인간의 행동을 그 내용으로 한다. 드라마투르기는 극작가가 행동을 구축하는 극작술, 즉 행동에 관한 드라마의 기술(technique)을 말한다. 어원은 그리스어 'drama ergon'으로 '행동의 작품화(Ins Werk-Setzen der Handlung)'이다. 이러한 어원적 의미에 따르면, 드라마투르기는 인간의 행동을 작품으로 생산할 때, 어떻게, 어떤 방법으로 구축하는가에 관한 행동의 건축술이다.[1]

드라마의 기술(technique)에 관한 첫 저서는 아리스토텔레스(Aristoteles, B.C.384~322)의 『시학』[2](B.C.334)이다. 그의 『시학』은 여러 문학 장르에

---

1 Bernd Stegemann, *Lektionen 1 Dramaturgie*, Berlin, 2009, 10.
2 '시학(詩學, Poetics)'이라는 용어는 아리스토텔레스가 최초로 사용했다. 이후

관한 시학이 아닌 '드라마학'이라고 할 수 있다. 그 이유는 총 26장으로 구성된『시학』이 비극과 희극이라는 드라마의 주 장르를 정의하고, 6장부터 22장까지 거의 비극을 중심으로 훌륭한 시(詩)가 필요로 하는 구성 법칙과 구성 요소, 효과 등에 대해 논하면서 극작술에 관한 체계적 정립을 시도했기 때문이다. 서사시는 23~24장에서만 다루었다. 아리스토텔레스의 저술 목적은 당시 그리스의 비극 경연과 관련해서 시의 본질과 극작의 원리를 정립하고, 극작에 대한 실용적인 기술을 가르쳐주는 데에 있었다. 그의『시학』은 이미 경험한 작품들을 관찰하고 분석함으로써 극작 기술과 효과에 관해 연구하고 있는 역사적 첫 저술이다.[3]

기원전 4세기의 아리스토텔레스의『시학』은 기원전 2세기의 호라티

'시학'은 언어를 통한 예술 창작의 이론이 된다. 시학에서의 '시(詩)'라 함은 18세기 문학이라는 개념이 등장하기 이전에 실용적인 웅변술, 서정시, 연극, 서사시 등 여러 형식에서 구분 없이 쓰였다. 이렇게 '시학'은 아주 오랫동안 넓은 의미에서 언어 창작(poièsis)으로서의 여러 형식의 시에 관한 이론을 일컬었다. 즉 작품의 창작이나 구성, 문학 장르에 관한 미학적 규칙과 관련된 규범을 지칭하며, 문학의 이론 전체를 포괄한다.

3 그리스 시인들은 자신들의 창작행위를 후천적 인식이나 기법에 근거하는 것이 아니라, 신이 부여한 특별한 재능의 은총에 있으며, 신적인 힘이 관여하는 영감에서 쓰는 것으로 생각했다. 아리스토텔레스의 스승인 플라톤(Platon, B.C. 427~B.C. 347)도 이러한 견해를 지지했다. 그러나 아리스토텔레스는 재능을 정열로 옮길 수 있는 시인(17장 1455a 30 이후)의 역할을 부정하지는 않지만, 『시학』에서 시인의 기술(technique)을 인식 대상으로 삼는다.

우스의『시학』에 영향을 끼쳤고, 이 두 '시학'은 19세기 독일 극작가이자 이론가 구스타프 프라이탁(Gustav Freytag, 1816~1895)의『드라마의 기술(*Die Technick des Dramas*)』(1863)에 이르기까지 오랜 세월 서구에서 그 권위를 지속했다. 프라이탁은 비극을 도입, 갈등, 정점, 지연, 해결/파국으로 이루어진 5막으로 나누었다. 20세기와 21세기에서는 '작가가 어떻게 좋은 드라마를 생산할 것이냐'에 대한 극작술 탐구로서의 드라마투르기가 극장들의 프로그램이 되고 있다. 즉 작가의 드라마 생산과 그 진흥을 돕는 프로그램인 '창작극 드라마투르기'이다.

연극예술로의 확장 : 사이에서

드라마투르기의 어원은 앞에서 언급한 그리스어 'drama ergon'외에도 'dramatourgía'가 있다. 그 뜻은 "행동의 생산과 (무대 위) 실현(Verfertigung und Aufführung einer Handlung)"[4]으로 상연[5]과 관계된다. 이 어원을 보면, 행동의 생산으로서의 드라마투르기가 극작술은 물론 연극

---

4 Christel Weiler, "Dramaturgie", Erika Fischer-Lichte, Dris Kolesch, Matthias Warstat(Hg.), *Metzler Lexikon Theatertheorie*, Stuttgart/Weimar, 2005, pp.80~83, p.80.; Dieter Burdorf, Christoph Fasbender, Burkhard Moennighoff(Hg.), *Metzler Lexikon Literatur*, Stuttgart/Weimar, 2007, p.170.

5 상연과 공연은 다르다. 전자는 무대 위 형상화로 시각화 및 청각화된 장면들의 전체이고, 후자는 이러한 상연과 관객과의 상호 교통 과정으로 존재한다. 연극의 존재 양식은 공연이다.

과 연계된다는 것을 알 수 있다. 이것은 드라마의 본질과도 연결된다. 드라마의 본질은 연극적 실천을 연계한 글쓰기에 있기 때문이다. 아리스토텔레스의『시학』은 이러한 드라마의 이중적인 본질을 논한다. 하나는 드라마가 문자로 쓰인, 독서로 충분한 문학작품이며, 다른 하나는 드라마가 시청각적인 공연과 연계된다는 점이다. 이러한 이중적인 본질에서 드라마의 역사는 문학 수용사와 공연 수용사를 갖게 되고, 문학과 공연의 관계는 1970~80년대까지도 끊임없는 논쟁을 불러일으켰다.

독일의 극작가이자 이론가 레싱은 드라마투르기의 개념을 극작술은 물론 연극예술까지 포함한 영역으로 확장한다. 그는 저서『함부르크 드라마투르기(*Hamburgische Dramaturgie*)』(1767)를 통해서 '드라마투르기'라는 용어와 그 개념, 그리고 '드라마투르그'라는 직업을 처음으로 대중에게 알렸다. 이 저서는 함부르크 국립극장에 드라마투르그로 참가하게 된 레싱이 극장에서 공연된 작품들의 분석과 비평 기록들(1767~1768)을 모은 모음집이었다.

18세기 중엽 독일의 상업 도시 함부르크는 빈, 라이프치히와 함께 독일어권 연극의 중심지였으며, 최초 국립극장 설립에 필요한 부와 정치, 시민이라는 이상적인 조건들을 고루 갖추고 있었다. 아직 하나의 국가가 아닌 통일 전 독일의 첫 국립극장 설립은 시대적 의미를 지니고 있었고, 동시에 체제 전환의 의미도 있었다. 이전에는 유랑극단의 단장이 모든 것을 홀로 이끌었다면, 최초 국립극장은 경영과 예술을 분리하고, 상설극장에서 공연을 지속할 수 있었다.

1767년 4월에 개관한 함부르크 국립극장은 민간 재정으로 2년 남짓 운영되었으나 1769년 3월 폐관되었다. 레싱은 예술감독인 뢰벤(Löwen)이 전속 극작가로 초대했으나 드라마투르그로 참가했다. 그러나 공연 목록이나 극단의 생산 작업에는 참여하지 못했다. 그는 한 주에 두 번 발행하는, 극장의 연극 프로그램을 보고하는 형식의 간행물을 구상했다. 이 간행물은 "공연되는 모든 작품의 비판적인 목록"으로 "작가뿐만이 아니라 배우들의 예술"에 동행할 것으로 예고했다.[6] 그 간행물의 제목이 『함부르크 드라마투르기』였다.

공연에 동행하는 레싱의 글쓰기는 이미 문학평론가, 이론가, 극작가로 활동하고 있었던 그에게 주어진 하나의 기회였다. 그 기회란 함부르크 극장에서 공연되는 드라마들과 연기 분석을 통하여 당대 지배적이었던 프랑스 드라마들로부터 독일 무대와 관객에게 새로운 관점을 여는 것, 곧 이를 통해 독일 드라마와 연극에 혁신을 도모하는 일이었다. 레싱은 프랑스 고전주의의 규칙들이 아리스토텔레스의 『시학』의 외형적 모방에 불과하며, 오히려 그 법칙을 벗어난 셰익스피어가 그 본질에 도달하고 있다고 주장했다. "우리가 천재를 갖는다면,

---

6　G.E. Lessing, *Hamburgische Dramaturgie*, hrg. u. kommentiert v. Klaus L. Berghahn, Stuttgart(Reclam), 1981, p.11.

그것은 셰익스피어여야 한다."[7] 레싱의 이러한 셰익스피어 찬사는 계몽주의 다음 세대인 '질풍노도(Sturm und Drang)' 작가들의 셰익스피어 숭배로 이어졌다.[8]

『함부르크 드라마투르기』는 총 104호까지 간행되었고, 출간은 1768년 초 1권은 52호까지, 다음 해에 53호부터 2권으로 묶었다. 레싱의 구상대로 1권에는 공연된 작품들에 대한 비평뿐만이 아니라 극작가와 배우들의 예술에 대한 분석적인 주해가 실렸다. 그러나 연기 비평은 배우들과의 갈등을 일으켜서 2권은 비극론에 집중하며 이론적인 탐구로 채워졌다. 그의 주된 글쓰기는 드라마를 분석하되 구조적 규칙보다 관객과 독자에게 주는 효과적인 측면에서 드라마 이론을 전개했다. 독일의 연극학자 헤닝 리쉬비터(Henning Rischbieter, 1927~2013)는 레싱이 『함부르크 드라마투르기』에서 보여주는 드라마투르기를 "작품(드라마)의 구조와 효과에 관한 성찰이요, 성찰이되 연극예술에 관한 분석적·비평적 성찰이며 관객을 위한 드라마 예술과 연극예술에 관한 설명이요 주해"[9]라고 설명했다.

레싱이 극장 내부의 비평 기록을 공개적으로 출판한 것은 이를 통

---

7   ibid., 73. Stück, p.376.

8   윤도중, 「해설」, 레싱, 『함부르크 연극론』, 윤도중 역, 지식을만드는지식, 2009. 7~16쪽, 15쪽.

9   Christel Weiler, op.cit., Erika Fischer-Lichte, Dris Kolesch, Matthias Warstat(Hg.), op.cit., p.81 재인용.

해 무대와 관객을 중개함으로써 관객을 목표로 했다. 그 이유는 18세기에 형성된 시민사회에서 시민계급의 관객이 저열한 취향의 하층계급 관객과 다르지 않았기 때문이다. 이를 위해 레싱은 극작술 외에 무대 및 연기 비평으로 '드라마와 무대 사이', 그리고 '무대와 관객 사이'에서 중개하는, 연극의 실천적 영역으로서 드라마투르기의 개념을 확장했다. 그럼에도 그의 드라마투르기는 극단과 함께하는 연극생산의 실천영역으로 나아가지는 못했고, 성찰로서의 글쓰기에 머물러야 했다. 레싱이 무대와 관객을 중개하는 일로서 행한, 함부르크 극장의 공연에 동행한 글쓰기는 오늘날에도 공연에 관련된 보도, 프로그램 및 공연 동반 책자 등 드라마투르기의 영역으로 지속되고 있다.

『함부르크 드라마투르기』에서 레싱은 시민사회의 '시민연극'을 위한 드라마 이론의 혁신을 감행하는데, 그 자체가 드라마투르기적인 행위이다. 그가 주창한 계몽주의 시대에 부합한 시민연극이란 연극과 당대의 사회적 현실을 연결하는 것이었기 때문이다. 역사상 첫 드라마투르그인 레싱에게 연극의 시간성은 현재에 있었고, 이것은 함부르크에서 초연된 그의 드라마 〈민나 폰 바른헬름 혹은 군인의 행운(Minna von Barnhelm oder Das Soldatenglück)〉(1763, 초연 1767년)에서 입증된다. 레싱은 타우엔친 장군 비서로 근무할 때, 사람들과 계층, 퇴역 장교들, 프로이센 경찰 체제 등 당시의 현실적인 문제들을 관찰하였는데, 이 작품은 이러한 현실적인 내용을 독일의 7년전쟁이라는 현실적 배경에 담아냈다. 이 희곡은 시민희극으로 1763년 종전 직후에 발표되었다. 괴테(Johann Wolfgang von Goethe, 1749~1832)는 1812년에 이 작품을 "특수한 동시대적인 내용에서 중요한 삶을 포착한 첫 연극 생산(erste aus dem bedeutenden Leben gegriffene Theaterproduktion von spezifisch temporärem Gehalt)"[10]으로 명시했다. 그러므로 레싱에 의해 극장에서의 역사를 출발하고 있는 드라마투르기는, 이미 함부르크 극장이라는 독일 연극 시스템에 처음 세워지는 순간, 연극과 사회적 현실을 연결하는 중개 영역과 그 기능에 있다는 것을 알 수 있다.

연극은 동시대 관객과의 소통에서 존재하며, 지금, 여기라는 현재에 생명력이 있다. 레싱의 드라마투르기가 동시대성에 있듯이, 드라마투르기는 '사이(betweeen)' 영역에서 그 생산성을 발휘한다. 즉 문학과 연극 사이, 행동의 무대화 이전에 문자 텍스트와 연극의 중간에 위치해서 무대화의 길을 안내한다. 이렇게 드라마투르기는 드라마와 무대 사이, 무대와 관객 사이, 드라마가 쓰인 시대와 공연이 되는 시대 사이, 문화와 문화 사이 등에서 중개하는 일이다. 그리고 드라마의 무대화에 있어서 현재의 특정한 조건들(사람, 공간, 예산 등)에서 생산되는 구체적인 공연과 그것의 요구들에도 관계해야 한다. 다시 말해, 현재 연극이 공연될 문화와 사회, 정치, 시대정신 등과 관련하여 그 연계에서 공연의 사회문화적인 역할과 위치, 의미를 찾고, 또한 공연의 물질

10　Peter M. Boenisch, "Drama-Dramaturgie", Peter W. Marx(Hg.), *Handbuch Drama: Theorie, Analyse, Geschichte*, Stuttgart · Weimar, 2012, pp.43~52, p.45 재인용.

적이고 실용적인 생산조건들을 고려해야 한다는 것이다. 이러한 일(드라마투르기(Dramaturgie))을 행하는 사람을, 또 그 직업을 드라마투르그 (Dramaturg)라고 한다.

드라마투르그의 역할

① 레퍼토리 선정

18세기와 19세기 초반에 걸쳐 형성된 독일의 드라마투르그는 처음에는 연극화 과정의 특정한 위치를 가리키지 않고 드라마와 관계하는 사람을 일컬었다. 그러나 독일의 극장은 18세기 중반 레퍼토리 연극과 앙상블 연극 방식을 세움으로써 과거와 당대의 드라마 문학을 가까이 연결시켰고, 그 이후로 늘 드라마투르기적인 과제를 세웠다. 그 과제란 옛 드라마와 당대의 새로운 드라마를 읽고 공연의 가능성을 실험하는 것이었고, 또 옛 드라마는 시대 감각의 특별한 요구들에 부응하는 번안 혹은 재구성을 하는 작업이었다. 이 드라마투르기적인 영역은 예술감독이 극장을 이끌어가는 일에 주어진 하나의 과제였는데, 그때만 해도 전화, 타자기, 구술할 수 있는 기기 등 시간을 절약하게 하는 도구들이 없었으므로, 당시의 이 과제는 그에게 과도한 분량이었다. 그래서 배우들과 당시 수공업자적인 과제에 있는 연출가들이 독서와 새로운 작품을 감정함으로써 예술감독을 도왔다. 이러한 관례가 18세기 후반과 19세기 초에는 레싱에 이어 만하임의 실러(Friedrich Schiller,

1759~1805)처럼 극작가를 극장에 고정으로 고용하기에 이르렀고 제도화되면서, 레싱과 실러는 오늘날 드라마투르그의 선구자가 되었다.

영국계와 로만어권(이탈리아, 프랑스, 스페인, 포르투갈, 루마니아)에서는 파리를 제외하고 매일 같은 작품을 지속적으로 공연하는 방식의 연극을 하므로 드라마투르그를 알지 못했다. 1962년에 영국의 국립극장이 독일어권의 옛 드라마나 옛 오페라의 소급과 또 독일어권의 특별한 방식인 매일 작품이 바뀌는 레퍼토리 연극을 교양연극의 장으로 간주하고, 공연 방식을 레퍼토리 연극으로 바꾸면서 드라마투르그의 과제를 처음으로 인식했다. 그때로부터 드라마투르그가 영국 연극의 직업인으로서 그 첫발을 내디뎠다.

그러니까 역사적으로 직업으로서의 드라마투르그의 출발은 극장의 공연 방식과 연결되어 있음을 알 수 있다. 곧 레퍼토리 연극이다. 그 것은 관객을 위한 교양적인 연극 영역과 연결되었고, 그 레퍼토리 연극을 위해서 드라마투르그가 모든 시대와 문화를 망라한 작품들을 읽고 찾아내어 레퍼토리 작품의 목록을 선정하면, 예술감독이 이를 결정한다. 이 공연 방식의 이상적인 드라마투르그란 모든 시대와 문화의 작품들을 사용 가능한 기억에 둘 수 있는 사람이다. 그러므로 드라마투르그는 드라마 문학의 무대 실현이 이루어지는 극장 내 분류에서 교육·지식·정신적 영역에 있는 문학의 사람이다. 오늘날 드라마투르기는, 브레히트에 의해 정립된 것과 같이, 드라마와 관계된 희곡 창작과 제작 과정의 자문, 작품의 번안 및 번역, 대본 작업, 프로그램,

관객 교육 등의 영역을 담당한다.

드라마투르그의 명예와 열정은 잊힌 작가를 오늘날의 무대에 재발견케 하거나 오늘의 새로운 작가를 소개하면서 실현된다. 이때 드라마투르그는 발견자의 기쁨을 누릴 수 있으며, 작품의 초연을 끌어내기도 한다. 그런 이유에서 작가는 드라마투르그와 함께 성공과 실패를 같이 걷게 된다. 무엇보다도 작품의 발견에 있어서 드라마투르그는 공연의 텍스트로서 드라마를 극적·모방적 그리고 놀이적 행함으로 읽고 상상할 수 있는 능력이 있어야 한다.

② 분석적 성찰 및 연극 대본 구성

연극의 기저가 문학 텍스트일 때, 드라마투르그의 가장 기본적인 과제는 드라마와 무대 사이에서 문자 기호의 시청각적 기호로의 변환을 돕는 일이다. 무대화 과정에서 우선은 선택된 드라마를 어떻게 읽을 것인가의 결정이 있어야 하고, 그 후에 연출과 무대, 연기의 구체화 작업이 뒤따른다. 이 변환 과정의 매개자, 중간자로서의 드라마투르그의 작업은 드라마 연구다.

드라마는 문자를 매체로 하는 문학작품이므로 그의 작업은 문학 연구를 벗어나지 않는다. 문학은 "정치, 경제, 사회 현상들이 복합된 인간의 삶 자체를 형상화"[11]하는 언어예술이고, 문학 연구는 작가가 인

---

11   나병철, 『문학의 이해』, 문예출판사, 2000, 29쪽.

간의 삶을 어떻게 이해하며, 언어를 통해 미적으로 어떻게 형상화하고 있느냐를 고찰한다. 그러므로 문학 연구에는 복합적인 인간의 삶을 어느 측면에서 접근하느냐에 따라 하나의 총괄적인 방법이 아닌 인접 학문의 도움이 요구된다. 하여 문학 연구는 정치학·사회학·심리학·언어학 등에 의존한 여러 연구방법론을 형성한다. 이를 통해 문학 연구는 문학작품에 관한 체계적이고 논리적인 설명이며 주해로서 "작품을 손쉽게 이해하는 데 봉사"[12]한다. 즉 작품의 수용자인 독자들에게 작품에 대한 인지적·정서적 반응에 도움을 주는 것이다.

그렇다면 작품에 관한 드라마투르그의 가장 기본적인 역할이 드라마 연구일 때, 그 역할의 목적은 문학 연구가 지향하는 바와 다를 것이 없다. 즉 드라마투르그는 문학 텍스트의 수용자인 연출가와 연극 생산팀에게 작품의 이해를 돕고 그 깊이와 시각을 열어주는 일에 봉사한다. 그다음은 드라마의 무대화가 용이하도록, 문자적 텍스트의 허구적 현실을 이미지화하는 작업에 조력한다.

이를 위해 드라마투르그는 무엇보다 드라마의 내적, 외적 지식이 필요하다. 내적 지식으로는 문학 텍스트의 형식과 내용에서 주어진 것들, 구조와 그 특징, 주제와 의미들, 장면적 변환 가능성, 극적 행동들과 상황들, 그리고 이러한 것들이 엮이면서 가져오게 되는, 가능한 기능과 효과 등을 탐구한다. 나아가 관객의 자리에서 관객이 기대하거나

---

12 위의 책, 26쪽.

혹은 선취하는 인지와 수용에 관해서도 성찰하며, 연극 생산과 관객 수용의 사이에 위치하며 양측에 관여한다. 그리고 외적 지식으로는 상호텍스트성[13]에서 생산되는 드라마의 역사적 · 사회적 맥락과 그 의미를 찾고, 이와 더불어 예술적이고 미학적인 관점들을 찾아낸다.

드라마투르그는 드라마에 관한 이러한 내적, 외적 지식을 연극 생산자들 — 연출가, 배우, 무대디자인, 의상, 조명 등을 담당하는 무대 스태프 — 에게 중개한다. 작품에 관한 이러한 지식과 정보들은 연극 생산자들에게 무대화의 콘셉트와 공연 유형, 그리고 공연을 어떤 이미지에 위치시킬 수 있는가 하는 선택과 결정을 가능하게 한다. 그러니까 드라마투르그는 문학 텍스트의 분석 작업을 통해 무대화를 만들어가는 과정에서 콘셉트 설정, 시도하기, 성취하기에 관여한다. 이처럼 드라마투르그의 분석적 성찰은 공연을 위한 기초적 상상들의 실현화에 필요한 총체적 계획, 즉 '병법(Strategie)'을 제공한다. 다시 말하면, 드라마투르그는 드라마의 이해, 실습, 성취 과정을 돕는다.

문학의 사람 드라마투르그는 문학 텍스트의 무대화에서 상연을 위한 연극 대본 구성을 담당한다. 그 예로 독일 연출가 막스 라인하르트(Max Reinhardt, 1873~1943)는 1909년 베를린의 도이치극장(Deutsches Theater)에서 괴테(Goethe)의 〈파우스트(Faust)〉를 공연할 때, 작품의 광대

---

13 예술작품은 예술가가 위치한 시대적 상황과 그의 상상력의 만남으로 조직된 텍스트이므로 주 · 객관적 상호텍스트성을 지닌다.

한 크기를 상연이 가능한 상태로 삭제하고 줄이는 작업을 위해 독문학 교수 에리히 슈미트(Erich Schmidt)에게 괴테의 문학 텍스트와 연극 대본 구성에 관한 책임을 맡겼다.

그러나 라인하르트로부터 근 20년 후, 그의 제자인 연출가 유르겐 휄링(Jürgen Fehling, 1885~1968)은 드라마투르기를 연출의 영역에 포함시켰다. 즉 텍스트를 줄이고 구성하거나 개작하는 작업을 연출력의 불가결한 영역으로 보았다. 더욱이 휄링은 드라마투르그를 예술과는 무관한 문자에만 의존하는 문필가 정도로 간주하고, 드라마투르그와 함께하는 작업을 거부했다. 이후 그의 예를 따라 오늘날 많은 이들에게 드라마투르기의 연극 대본 구성작업은 특정한 공연을 위한 연출가의 권리로 통용되고 있다. 한 예로 1994년 연출가 페터 슈타인(Peter Stein, 1937~)이 뮌헨에서 러시아 배우들을 데리고 아이스킬로스의 〈오레스테스(Orestes)〉를 공연했을 때, 이 연극에 드라마투르그가 함께 작업했음에도 불구하고 연출자인 그가 직접 연극 대본을 구성했다.

③ 동반 책자 및 프로그램 만들기

"유럽 연극은 문학연극(literarisches Theater)이다"라고 정의한 바 있는 페터 슈타인이 이끄는 독일 베를린 샤우뷔네의 드라마투르그는 문학 텍스트를 기저로 하여 연극 대본 구성과 상호 간의 내부적 지식을 제공한다. 그리고 문학 텍스트에 적합한 상연 형식과 수용자, 곧 관객의 기대까지 헤아려서, 관객이 상연의 지적 수준에 다가올 수 있도록 연극에 동반하는 책자를 출판하고, 또 프로그램을 관장한다. 이처럼 드라마투르그는 연극 생산자에게 텍스트에 대한 이해와 시각의 깊이, 그 넓이를 더해주는 한편, 수용자 관객에게도 연극적 인지와 수용의 수준을 높이고 돕는다.

드라마투르기의 영역

1987년 안드레이 비르트(Andrzej Wirth, 1927~2019)[14]는 기센의 대학 지에 「미학적인 유토피아로서 혹은 대중매체의 주위 영역에서 일어나는 연극의 변화로서의 연극 현실」이라는 제목 아래 '언어극이 소리의 콜라주와 언어 음악극, 무용극의 포스트드라마적인 형식을 위해 그의 단일적 자리를 잃어가고 있다'고 썼다. 그것은 그가 경험한 로버트 윌슨(Robert Wilson)과 피나 바우쉬(Pina Bausch), 리처드 포먼(Richard Foreman), 게오르그 타보리(Georg Tabori)의 연극에 대한 진단이었다. 그는 이들의 혼합장르적인 연극을 처음으로 '포스트드라마적' 형식이라고 명명했다. 이렇게 '포스트드라마적'이라는 용어가 연극사에 처음 등장했다. 이후 비르트의 동료 한스-티스 레만(Hans-Thies Lehmann,

---

14 비르트는 1982년 기센 대학에 처음으로 이론과 실천이 함께 하는 '적용 연극학 과(das Institut für Angewandte Theaterwissenschaft)'를 세운 연극학자다. 여기 출 신으로 현재 활동 중인 독일 극단 '리미니 프로토콜(Rimini Protokoll)'과 '쉬쉬 팝(She She Pop)'은 국내에 초대되어 공연한 바 있다.

1944~2022)이 1999년에 저서『포스트드라마적 연극(*Postdramatisches Theater*)』(Frankfurt am Main)을 발간했다.

연극의 새로운 변화, 즉 상연이 더 이상 드라마적인 텍스트의 규칙을 따르지 않을 때 드라마투르기에 관한 이해가 바뀌어야 한다. 그림연극, 몸 연극, 무용극, 오브제 연극, 음악극 등 연극의 퍼포먼스적 차원의 강조 자체가 새로운 드라마투르기의 논리를 요구하기 때문이다. 특정한 로고스로서의 드라마가 기저에 있는 전통적인 연극은 하나의 질서에 따라 전체를 조절하는 주체가 이야기를 전개하는 데 반하여, 이 새로운 연극은 다(多)로고스로서 풀어간다. "연극은 (개인적 혹은 집단적) 조직자나 도구에 더 이상 속하지 않는 의미 공간들과 소리 공간들의 열려 있는 영역이 더 많은 사용 가능성에 와 있다."[15]고 레만은 전한다. 따라서 드라마투르기는 시각적 드라마투르기, 음향, 공간, 시간의 드라마투르기로 총체적 연극의 재료들과 그것이 함께하는 가능한 놀이에서의 서로 다른 논리에 집중해야 한다.

연극은 더 이상 무대 위 배우를 행위자로 보지 않고, 빛과 소리, 퍼포먼스적인 것을 행위자로 인정하기에 이 새로운 드라마투르기를 위해서는 스스로의 논리와 개연성 그리고 계급적이지 않은 시스템과 개별적인 세움이 필요하다. 드라마투르그에게 이 연극은 담화적 영역이거나 서로 다른 요소들이 함께하는 놀이의 특별한 리듬이며, 연극의

---

15 H.-Th. Lehmann, *Postdramatisches Theater*, Frankfurt am Main, 1999, p.46.

의미 성립이 근본적으로 시각적 자료들을 따라 이루어진다. 포스트드라마적인 연극의 병렬적이고 동시적인 다른 재료의 조합이 가져오는 연극적 복합성은 관객에게 종종 넘치는 요구가 되기에 드라마투르기는 그것과 함께 생기는 관객의 지루함, 오해, 피로, 당혹 등 다양한 시각을 계산하고, 의미화 과정에서의 이해 결여와 빈틈, 비완결이 구성요소라는 것을 인정한다.

21세기 전환기 이후 등장한 관객 참여 또는 몰입 연극(immersive theater)은 미학적인 경험을 넘어서 관객 개인의 특별하고 집약적인 경험에 집중한다. 배우의 부재이거나 또는 배우가 있다고 하더라도 관객의 적극적인 참여로 진행이 이루어지며 내용이 형성된다. 이러한 연극은 텍스트, 소리, 빛 등의 드라마투르기를 행하며, 관객은 스마트폰, 헤드셋, 카메라 등 기기 사용을 통해 홀로 참여하고 경험한다. 사회적 장소인 극장은 이러한 연극에서 비사회적이 된다.

오늘날 드라마투르기는 연극예술의 영역을 넘어 다른 표현예술─ 영화, TV, 무용, 음악, 오페라, 뮤지컬, 라디오극 등 ─ 과 삶의 이벤트적인 영역 ─ 축제, 대중 콘서트, 문화적 · 정치적 공공의 장 등 ─ 에서도 필요로 한다. 이처럼 드라마투르기는 청취자/관객/청중을 동반하는 모든 상연의 영역으로 확장되었다. 이제 드라마투르기는 대학의 연극학과로부터 독립된 자체적인 훈련 학과를 세우게 되었고, 연극 극장과 그 외의 다른 예술극장에서도 드라마투르기(Dramaturgie)라고 명명한 부서가 세워졌다. 극장 내 드라마투르기 부서에 주어지는 과제들은, 앞서 언급한 바와 같이, 희곡작품 생산의 기여, 무대화를 위한 드라마 분석, 프로그램 작업, 이미 존재하는 텍스트들의 발견, 번안, 번역, 그리고 작가들과 예술감독, 연출자, 협력예술가들, 관객 사이를 중개하는 일 등이다.

2. 재현적 드라마투르기의 역사

2,500년 역사의 유럽 드라마와 연극은 시대에 따른 인간 행동들의 적합한 묘사를 발견하려고 했으며 그렇게 변화해왔다. 고대, 중세, 신고전주의, 계몽주의, 낭만주의, 사실·자연주의, 상징주의, 표현주의, 역사적 아방가르드, 다큐멘터리, 서사, 부조리, 포스트드라마, 뉴다큐멘터리, 포스트서사, 관객참여형(immersive)에 이르기까지. 이러한 인간 행동의 다양한 묘사 형식들은 하나의 개념 드라마투르기로 모이고, 드라마투르기는 각 시대의 극작술 및 예술이론을 함의한다. 각 시대 새로운 역사의 장에 합한 드라마의 새로운 드라마투르기는 드라마와 연극에 변화와 개혁을 가져왔다. 그러므로 드라마투르기는 드라마의 역사와 이론들에 관여한다.

재현적 드라마투르기는 유럽 드라마와 연극의 역사를 가장 오래도록 지배했다. 19세기 사실주의 드라마가 자신의 미학적 용어를 '재현'이라고 할 때까지. '재현(再現)'은 현실에 대한 모방적 반영을 뜻한다. 사실주의 드라마의 현실 모사에 관한 모방이론은 고대에서 시작되었다. 모방은 그리스어로 미메시스(mimesis), 라틴어로는 이미타티오(imitatio)다. 미메시스는 처음에는 종교적 차원에서 사제의 숭배 행위, 즉 디오니소스 숭배에서 제의적인 무용, 음악, 노래 등에 관계된 개념이었는데, 기원전 5세기 그 의미가 철학적으로 변용되었고, 플라톤과 아리스토텔레스에 이르러서는 모든 예술에 적용되었다. 철학자 소크라테스(Sokrates, B.C. 470?~B.C. 399)는 회화와 조각이 타 예술들과 다른 점이 무엇인지를 숙고했는데, 그 변별점을 사물과의 유사성에서 찾았고, 두 예술의 기본 기능을 우리가 보는 대상의 모방인 것으로 발견했다. 이렇게 미메시스는 소크라테스에게서 외면세계의 재생산으로 의미되었고, 점차 두 예술 외에 타 예술에도 기본적 기능으로 적용되었다. 소크라테스의 첫 모방이론 정립은 "예술사상사에서 유용한 사건"으로 이후 "수세기 동안 예술의 선두이론"이 되었다.[16]

예술이 모방이라는 개념은 소크라테스에서 플라톤으로 이어졌다. 플라톤의 철학은 모든 존재자의 근거로서 현상계 너머의 항구적이며 초월적인 실재를 구하고자 했다. 예술을 '모방의 모방'으로 정의한 그에게 예술은 진리로 나아가는 적절한 길이 아니었고, 그러한 이유에서 그는 그 가치를 부정했다. 즉 예술이 변함없는 이데아(관념 또는 진

---

16 W. 타타르키비츠, 『미학의 기본 개념사』, 손효주 역, 도서출판 미술문화, 2011, 324쪽.

리)의 모방이 아니라, 이데아의 모상(模像)인 감각적 현실의 외부적인 이미지를 모방한다는 것이다. 그러나 아리스토텔레스는 이러한 플라톤의 모방 개념 및 이론을 변형했다. 무엇보다 그는 이데아의 세계와 상관없이 미메시스를 인간의 행동에 적용했고, 『시학』(B.C. 334)에서 드라마를 인간 행동들의 모방으로 규정했다.

"행동의 모방"으로서의 비극은 행동에 우선권이 있으므로 모방의 중요 순서는 ① 플롯(사건들의 결합) ② 성격 ③ 인지력, 즉 인물들이 "상황에 따라 해야 할 말과 적당한 말을 할 수 있는 능력", 인물의 인지력을 표현하는 ④ 언어, 그리고 ⑤ 노래와 ⑥ 상연(spectacle)이다.[17] 이 여섯 구성요소에서 ② 성격 ③ 인지력 ④ 언어를 볼 때, 인간의 행동은 단순히 외부적이고 육체적인 것만이 아닌 정신적·심리적 표현이기도 한 것을 알 수 있다. 그리고 아리스토텔레스는 극인물의 성격 묘사가 "전래의 스토리에 나오는 원형(原型)과 유사"[18]할 것을 제시했는데, 이것은 그의 미메시스가 외부적인 이미지의 모방만을 의미하지 않는다는 것을 말한다.

아리스토텔레스에게는 예술이 실제를 모방하지만, 그 예술적 모방은 실제보다 더 아름답게(비극처럼) 혹은 더 추하게(희극처럼) 묘사할 수 있는 실제에 대한 자유로운 접근이었다. 즉 시인은 실제로 일어난 일

---

17 아리스토텔레스, 『시학』, 천병희 역, 문예출판사, 1993, 6장, 49~52쪽.
18 위의 책, 15장, 87쪽.

이 아닌 "일어날 수 있는 일, 즉 개연성과 필연성의 법칙에 따라 가능한 일"을 이야기해야 하고,[19] 이러한 모방은 "필연적"이고 "보편적"인 사물의 특징으로 제한할 수 있다.[20] 그러므로 이러한 예술가는 창작자다. 이렇게 실제의 모방에 머물지 않는 드라마를 아리스토텔레스는 실제 일어난 개별적인 "역사보다 더 철학적이고 중요"[21]하다고 했다. 이는 플라톤과는 반대로 시인을 '보편적 진리'를 말하는 창작자로 간주한 것이다.

아리스토텔레스의 예술 개념은 인간 행동의 모방에서 점차 자연의 모방이 되었다. 그러니까 모방 개념은 플라톤의 "자연의 복제"라는 의미와 아리스토텔레스의 "자연의 여러 요소들에 근거를 둔 예술작품의 자유로운 창조"로서의 의미를 지니게 되었고, 이 두 모방 개념은 예술에서 "기본적이고 지속력 있는 개념"[22]이 되었으며, 재현적 드라마투르기의 근간이 되었다.

그리스의 모방이론은 로마시인 호라티우스(Quintus Horatius Flaccus, B.C. 65~B.C. 8)에게로 이어졌다. 라틴 문학의 유일한 시론인 그의 『시학(Ars Poetica)』(B.C. 14)은 아리스토텔레스의 이론을 수용하면서도 그 차

---

19   위의 책, 9장, 60쪽.
20   위의 책, 2장, 29쪽; 9장, 61쪽.
21   위의 책, 9장, 60쪽.
22   W. 타타르키비츠, 앞의 책, 326쪽.

이를 보여준다. 아리스토텔레스는 비극을 '쉽게 통관(通觀)'하고, '쉽게 기억'할 수 있는 길이에 있어야 한다고 했고,[23] 호라티우스는 5막의 극 형식을 주장했다.[24] 그리고 아리스토텔레스는 드라마의 목적이 미메시스가 관객에게 주는 기쁨이며, 그 기쁨은 인간이 모방을 통해 얻는 지식의 즐거움과 모방에 대한 쾌감이라고 했다.[25] 그러나 호라티우스는 모든 드라마의 목적이 '쾌감과 인생에 유익한 교훈'에 있으며[26], 이것을 위해서 간결하고 정확한 교훈과 연령별 특성에 적합한 극인물 묘사 등 실제에 가까운, 재현적 드라마투르기를 요구했다. 무엇보다도 호라티우스는 연극보다 문학의 우위성을 주장한 아리스토텔레스와는 달리 관객에게 주는 연극적 효과를 믿었다. "귀로 듣는 것은 믿음직한 눈으로 본 것이나 관객이 직접 목격한 것보다는 영혼에 깊은 감명을 주지 못합니다."[27]

아리스토텔레스와 호라티우스의 『시학』에 담긴 재현적 드라마투르기는 연극을 경시했던 중세를 지나 르네상스에서 부활하고 재해석되어 이후 유럽의 드라마를 지배했다. 16세기 이탈리아 신고전주의 이

---

23 아리스토텔레스, 앞의 책, 7장 55쪽. 그는 "통일성과 전체성"이라는 미학적인 관점에서 드라마의 길이를 언급했다.

24 호라티우스, 『시학』, 아리스토텔레스, 앞의 책, 155~196쪽, 177쪽.

25 아리스토텔레스, 『시학』, 4장, 35쪽.

26 호라티우스, 『시학』, 위의 책, 188쪽.

27 위의 책, 177쪽.

론가 카스텔베트로(Castelvetro, 1505~1571)는 그리스어『시학』을 이탈리아어로 번역하고, 역주와 해설을 동반한 기념비적인 저서『대중화된 아리스토텔레스의 시학(*La poetica d'Aristotele vulgarizzate et sposta*)』(1570)에서 삼일치 법칙을 주장했다. 그는 아리스텔레스가 유일하게 주장한 행동의 일치에 더하여 시간과 장소의 일치를 제시했는데, 이것이 '이탈리아의 일치들(Italian unities)'이라고 불리는 '모조의 아리스토텔레스적 시간과 장소의 일치(pseudo-Aristotelian unities of time and place)'이다.[28]

시간과 장소의 일치란 재현 시간(공연)과 재현되는 행동의 시간이 일치해야 하며, 장소의 변화가 없어야 한다는 말이다. 아리스토텔레스의 '태양의 일 회전'을 12시간으로 해석하면서 행동의 시간은 12시간의 한계를 초과해서는 안 되고, 장소의 일치는 시간의 일치에서 자동으로 생겨난다. 이는 관객이 그들 앞에 있는 장소만을 믿을 수 있다는 데에 근거했다. 이러한 시간과 장소의 일치는 관객의 눈앞에서 행해지는 연극을 진실에 가깝게 받아들일 수 있게 하는 연극의 '진실다움(verisimilitude)'에 있었다. 진실다움이란 모든 드라마가 '실제 인생에 충실'해야 한다는 것이어서, 유령이나 초자연적인 사건들은 원천적으로 금했다.

이탈리아의 신고전주의자들은 드라마의 목적을 기쁨과 교훈(유익

---

28 이경식, 『아리스토텔레스의 「시학」과 신고전주의』, 서울대학교 출판부, 1997, 233쪽.

함)에 있다고 하는 호라티우스를 따랐다. 더욱이 그들은 관객과의 관계에 집중하여 '삼일치 법칙'과 '진실다움', '적합성(decorum)'을 제시했다. 적합성이란 극인물이 나이, 직업, 성별, 계급 등에 걸맞아야 한다는 것이다. 이렇게 이탈리아의 신고전주의자들은 아리스토텔레스의 '미적 개연성(aesthetic probability)'이 아닌, '자연적 개연성(natural probability)'을 주장했다.[29] 그 이유는 '삼일치 법칙', '진실다움', '적합성' 등 이러한 규칙들이 관객에게 연극을 믿을 수 있게 함으로써 더 큰 효과를 낸다고 보았기 때문이다. 이와 같이 16세기의 드라마 이론은 실제와의 유사성에 있는 재현적 드라마투르기를 지향했으며, 관객에게 실제 같은 환영연극을 창출하려 했다.

당대의 신고전주의와는 다르지만, 삼일치 법칙을 벗어난 영국의 극작가 셰익스피어(William Shakespeare, 1564~1616)에게도 재현적 드라마투르기가 지배적이었다. 그의 희곡 〈햄릿〉(1600/1)은 주인공 햄릿의 대사를 통해 '연극은 자연의 모방'이라는 작가의 연극관을 드러낸다.

> 명심해둘 것은 자연적인 절도를 벗어나지 않는 일일세. [···] 연극의 목적이란 자연을 거울에 비추어 보는 일이요, 선은 선 그대로, 악은 악 그대로 있는 그대로를 비춰내며 시대의 모습을 고스란히 드러나게 하는 데 있지.(3막 2장)[30]

---

29 위의 책, 236쪽.
30 셰익스피어, 『4대 비극』, 정해근 역, 도서출판 성우, 1991, 57쪽.

17세기 프랑스 신고전주의 드라마 이론 형성에 "절대적인 공헌"[31]을 한 이는 시인 부알로(Nicolas Boileau, 1636~1711)였다. 그의 『시론(*L'Art poétique*)』(1674)은 작가로서의 명성과 시작(詩作) 실천에 따른 이론을 기술한 덕분에 '규칙시학'의 권위적인 텍스트가 되었으며, 동시대 영국에서도 영역되어 출판되었다. 부알로는 시의 의미(sense)와 이성(reason)의 역할을 강조했다. 그리고 비극에 관해서는 극 행동이 이성의 규칙을 따라야 하고, 격정들은 자연에서 벗어나지 않게 하고, 적합성(bienséance=decorum)을 지키고 교훈적이어야 한다고 주장했다. 이렇게 규칙을 준수하고 적합성을 벗어나지 않는 것은 진실다움(vraisemblance=verisimilitude)의 원칙에 따른 자연 묘사다. 그런 이유에서 부알로는 삼일치 법칙에서 벗어난 스페인의 비극작가들을 비판했고, 이를 준수하는 프랑스 작가들이 그들과는 달리 훌륭한 효과를 낸다고 생각했다.

> 액션의 장소는 고정되고 그대로 유지되어야 한다./스페인 시인은 하루의 공간 속에 시대 전체를/재현하여 좋은 결과를 낼지 모른다./거기에서는 방랑하는 무대의 주인공은 종종/어린애로 시작하여 극의 끝에는 노인이 된다./그러나 이성의 규칙의 제한을 받는 우리는/작시술로써 시를 설계하고/액션, 시간과 장소의 단일로써 무대를/가득차게 하고 우리의 노고의 아름다움을 유지한다.[32]

---

31 이경식, 앞의 책, 323쪽.

32 Boileau, "The Art of Poetry", 위의 책, 305쪽 재인용.

프랑스 신고전주의는 이탈리아 신고전주의자들처럼 드라마의 목적을 기쁨과 교훈에 두었으나, 후자보다 더 경직된 규칙들을 만들었다. 그리고 아리스토텔레스의 카타르시스를 도덕적으로 해석하여 비극이 권선징악과 인과응보라는 교훈을 줄 수 있어야 한다고 주장했다. 당대의 극작가 코르네유(Pierre Corneille, 1606~1684)와 라신(Jean Baptiste Racine, 1639~1699)도 극시의 목적은 관객에게 주는 기쁨과 교훈이며, 이는 시인이 예술의 규칙들을 따를 때 가능하다고 했다. 프랑스 신고전주의의 규칙은 이탈리아 신고전주의자들과 같은 삼일치 법칙과 적합성, 진실다움이었다.

실제를 닮고자 하는 재현적 드라마투르기는 18세기 '시민비극'을 탄생시킨 독일의 레싱에게로 이어졌다. 시민사회가 형성되는 18세기 중·후반 그는 계몽주의 이상을 위한 새로운 드라마투르기를 『함부르크 드라마투르기』(1767)에서 소개했다. 그것은 계몽 시민을 위한 극작과 연극문화를 건립하려는 그의 노력이었으며, 새로운 '시민연극'을 위한 이론이었다. 그는 시민연극의 드라마투르기를, 르네상스에서 부활하여 이어져온 아리스토텔리즘의 규칙시학을 버리지는 않은 채, 아리스토텔레스의 『시학』을 재해석함으로써 유사하게 타협하고 변조시키며, 그 내용을 시민적인 것들로 채웠다.[33]

레싱은 비극의 연민과 공포를 시민적인 덕성의 범주에서 연민(동

---

33 Peter M. Boenisch, op.cit., p.44.

정심)[34]은 덕성이자 인간애의 발현으로, 공포는 관객이 무대 위 인물의 불행이 자신에게도 일어날지 모른다는 동일성에서 오는 두려움, 곧 "우리 자신과 관계된 동정심(diese Furcht ist das auf uns selbst bezogene Mitleid)"으로 해석했다.[35] 그는 또 "두려움은 동정심을 성숙하게 한다(diese Furcht sei es, welche das Mitleid gleichsam zur Reife bringe)"[36]고 했고, 비극의 효과인 카타르시스도 동정심이라는 "정열들을 덕이 있는 숙련으로의 변환(diese Reinigung in nichts anders beruhet, als in der Verwandlung der Leidenschaften in tugendhafte Fertigkeiten…)"[37]으로 간주하는 계몽적·교육적인 해석을 했다.

이처럼 레싱의 비극론은 동정심이라는 정서 또는 정열을 실천적인 의지와 도덕적인 능력으로 승화시키는 데에 그 핵심이 있었다.[38] 레싱의 새로운 해석의 기반은 주인공과 관객이 시민계급이라는 동일성이었고, 이 동일성의 조건이 주인공에 대한 관객의 감정이입을 가능하

---

34 독일어 Mitleid는 연민 또는 동정심으로 번역되는데, 이 단어는 'Mit(함께)' 'Leiden(고통받음)'을 의미한다.

35 G.E. Lessing, op.cit., 75. Stück, p.383.

36 ibid,, 75. Stück, p.385.

37 ibid,, 78. Stück, p.401.

38 "우리에게 연민의 마음을 일으키게 하는 누군가가 우리를 더 낫게, 더 덕성 있게 만든다. 바로 비극이 우리에게 동정심을 일으키며, 우리를 또한 더 낫게, 더 덕성 있게 만드는 것이다."(1759년 2월 16일에 니콜라이에게 보낸 서신). 김종대, 『독일 희곡 이론사』, 문학과지성사, 1989(3쇄), 82쪽 재인용.

게 한다는 것이었다. 이것은 비극의 주인공이 왕가나 귀족이며, 희극의 주인공은 평민이어야 한다는 장르 계층 조건(Ständeklausel)의 해체로 이어졌다.[39] 레싱의 '시민비극'은 독일에 새로운 장르로 탄생했다.[40]

레싱에게 드라마는 자연을 모방하는 것이었다. 자연 스스로 희극적인 것과 비극적인 것의 혼합을 보여주므로 그는 혼합극을 지향했다. "자연을 모방하는 어느 것도 잘못일 수 없다(nichts kann ein Fehler sein, was eine Nachahmung der Natur ist)."[41] 그리고 작가는 자연에서 '선택된 몇 부분들로 인과적으로 연결되는 전체'를 만들어내야 하고, 작가가 만드는

---

39 아리스토텔레스는 비극의 인물이 "오이디푸스나 튀에스테스나 이와 동등한 가문의 저명 인물들처럼 큰 명망과 번영을 누리는 자들 가운데 한 사람이어야 한다."(『시학』 13장)고 했는데, 이러한 언급이 비극은 왕과 귀족, 곧 높은 신분을 대표하는 인물들이어야 하며, 일반 시민들은 희극의 주인공이어야 한다는 드라마 장르의 계층조건으로 이어졌다. 르네상스와 바로크 이론가들은 비극에 필요한 숭고와 가치가 시민적인 삶의 양식에 결여하므로, 높은 사회적 지위의 영웅이 비극적 몰락의 묘사를 가능하게 한다고 보았고, 계층 구분은 르네상스와 바로크 시학의 조건이 되었다.

40 시민비극은 독일보다 시민계급이 먼저 형성된 영국과 프랑스에서 시작되었고, 레싱은 그 영향을 받았다. 영국 작가 조지 릴로(George Lillo)의 〈런던 상인(The London Merchant)〉(1731)은 시민이 비극의 주인공으로 등장하는 최초 시민비극이다. 프랑스 작가 드니 디드로도 시민극(drame bourgeois)을 옹호했고, 시민비극을 '영웅 또는 국가 비극(tragédie héroïque)'과 대칭되는 장르로 '가정비극(tragédie domestique)'이라고 불렀다. 레싱은 그의 첫 시민비극 〈미스 사라 삼손〉(1755)에 그리스 어원에서 온 독일어 'Tragödie(비극)'라고 쓰지 않고 순수 독일어 '시민비극(bürgerliche Trauerspiel)'으로 장르명을 부여했다.

41 G.E. Lessing, op.cit., 69. Stück, p.355.

전체로서의 드라마는 "영원한 창조자의 전체로부터 오는 하나의 그림자 도안"이어야 한다고 레싱은 주장했다. 그에게 그림자로서의 드라마는 세계 또는 현실의 통찰과 파악을 미적 영역에서 가능하게 해주고, "어떻게 모든 것이 최선으로 해결되는가 […] 에 대한 생각을 우리에게 연습"[42]하게 하는 기능을 지닌다. 그러니까 자연의 상태에서는 잘 드러나지 않는 것을 예술, 곧 드라마가 더 잘 들여다볼 수 있게 해준다는 것이다.

> 예술의 과제는 미의 영역에서 우리의 분리 작업을 면해주고, 주의력 고정을 쉽게 만들어준다. 우리가 자연에서 한 대상이나 혹은 시간, 공간에 따라 여러 대상의 연결로부터 생각 속에서 구분하거나 구분할 수 있기를 바라는 모든 것을 예술은 실제로 구분하고, 그리고 모든 것이 항상 여러 대상이 일으키는 느낌을 허락할 때, 예술은 우리에게 이 대상이나 또는 여러 대상의 연결을 순수하고 간결하게 보여준다.[43]

계몽주의 시대는 연극을 정치적 · 사회적으로 유용한 매체로 규정했고, 극장은 관객을 더 나은 시민으로 교육하는 시민사회의 도덕적 공공기관으로 간주되었다. 연극은 사랑받는 매체였는데, 그 이유는 연극이 문학과는 달리 한 장소에 많은 사람을 모이게 하고 동시에 메

---

42 ibid., 79. Stück, pp.404~405.

43 ibid., 70. Stück, p.361.

시지를 전할 수 있기 때문이었다. 그러나 문학과는 다른, 연극의 고유성과 가능성은 무시되었고, 연극은 다만 계몽주의 이상에 따른 문학적 의미와 내용을 전하는 것이 그 목표였다.

레싱은 드라마 생산에서 자연모방의 '그림자 도안'이 가능한 재현적 드라마투르기가 문학을 재현해야 하는 무대 위에서도 가능하다고 보았다. 그는 관객이 무대 위의 세계를 실제처럼 지각하도록 하는 배우의 연기를 위해 당대에 지배적이던 낭만극의 시적인 비약과 과도한 감상, 낭송식의 과장된 연기가 아닌 진실하고 절제된 연기를 옹호했다. 그것은 그가 배우의 몸과 그 표현을, 관객이 시민적인 개인의 정신과 심리 상태를 느끼고 알 수 있게 하는, 재현의 언어로 간주했기 때문이다. 이렇듯 무대 위 문학을 재현하는 시민연극의 목표는 환영연극(Illusionstheater)이었다. 이 환영연극은 프랑스의 계몽주의자인 작가 드니 디드로(Denis Diderot, 1713~1784)에 의해 무대의 제4의 벽으로 발전했다. 이것은 마치 투명한 제4의 벽 너머에 존재하는 관객이 부재한 듯 삼면에 둘러싸인 액자 무대였으며, 배우는 이 무대 내에서 시민적인 삶을 재현했다.

액자 무대 위 시민적인 삶의 재현은 19세기 중반 사실주의 연극에서 그 정점을 이루었다. 당대의 유물론과 실증주의를 기반으로 현실을 객관적으로 충실히 모사·재현함으로써 '현실의 진실'을 구축하고자 한 사실주의 연극은 마치 현실과 같은 무대장치와 일상언어, 철저한 고증에 의한 삶의 재현을 목표로 했다. 사실주의 연극의 재현미학을 실현하기 위해서는 상연을 총체적으로 지휘하고 책임져야 하는 연출가가 요구되었고, 이 시기 연출은 연극의 체계적 실천행위로 부상하며 연출가의 권한을 확립해갔다.

사실주의 연극과 이후 자연주의 연극은 모든 무대요소와 배우들 상호 간의 관계가 설득력 있게 사실적이어야 하므로 앙상블 연기를 강조했고, 연출가로서 이를 처음 실현한 이는 독일 작스 마이닝겐의 공작 게오르크 2세(Georg II von Saxe-Meiningen, 1826~1914)였다. 마이닝겐 극단의 영향은 프랑스 연출가 앙드레 앙투안(André Antoine, 1858~1943)과 러시아의 스타니슬라브스키(Konstantin Sergeivich Stanislavski, 1863~1938)로 이어졌다. 스타니슬라브스키는 네미로비치-단첸코(Nemirovich-Danchenko, 1858~1943)와 함께 1898년 '모스크바 예술극장'을 설립하여 사실주의 연극운동에 전념했고, 문학 재현의 드라마투르기로 환영연극을 완성하고자 했다. 이를 위해 그는 사실주의 연기를 위한 '심리적 사실주의(psychological realism)' 연기방법론인 '시스템'을 개발했다.

오랜 세월 연극은 문학 텍스트에 예속되어 있었고, 따라서 연극은 문학에 충실한 재현 행위에 있었다. 앞서 언급한 자연모방에 있는 극작의 재현적 드라마투르기와 마찬가지로 연극의 재현적 드라마투르기는 문학 텍스트에 충실한 무대 변환의 과정에 존재했다. 그러니까 문학이 중심이 되는 사실주의 및 자연주의 연극까지 문학의 재현적 드라마투르기가 지배했다.

문학에 충실한 무대 변환에 있어 문학 텍스트와 무대 사이를 이어주는 '문학의 사람' 드라마투르그가 있고, 그는 텍스트 분석을 통해 무대의 재현적 드라마투르기를 돕는다. 그의 텍스트 분석은 우선 문학 텍스트의 의미와 효과에 봉사하지만, 그것은 무대화를 위한 것이어야 한다. 이 무대화를 위한 드라마 분석을 '드라마투르기적 분석'이라고 한다. 드라마투르기적 분석은 문학 텍스트의 전체 내용이 무엇을 다루며, 그 내용을 어떤 장면의 배열과 흐름에 담으며, 장면 간의 관계와 효과는 무엇인지, 구조적 특징들은 무엇이며, 극 공간과 시간은 어디, 언제이고 그 의미는 무엇인지, 그리고 극인물들의 구성과 관계, 성격, 언어를 찾아낸다. 이것은 마치 텍스트 전체를 꿰뚫을 수 있는 지도를 만들어내는 것과 같다. 그러니까 문학 텍스트에 충실한 무대를 위한 재현적 드라마투르기는 연출가의 작업이 문학 텍스트의 허구적 현실을 무대 위에 이미지화하는 전체성에 길을 찾을 수 있도록 돕는 일이다. 이때 관객은 문학 텍스트에 내재된 세계의 환상을 재현적 드라마투르기에 의해 무대 위 허구적 현실로 만나게 된다.

재현적 드라마투르기에서 연출은 문학 텍스트를 시청각적인 무대 기호로 변환하는 작업에 종사하는 일이며, 이때 문학 텍스트와 무대의 관계는 그 형상만 다를 뿐 의미에 있어서 동일시된다. 그러나 이러한 동일성은 진리를 담고 있던 언어가 위기를 맞으면서 붕괴한다. '현대연극'은 바로 이 지점, 문학을 무대에서 재현적 드라마투르기로 동일하게 형상화하는 것을 거부하는 데서 출발했다. 현대연극의 현상이며 미학 중 하나인 초현실주의 연극의 아르토는 문학을 재현하는 서양 연극의 한계를 다음과 같이 비판했다.

> 연출과 연극 제작을 격하시키는 연극. 다시 말해 특수하게 연극적인 작업을 텍스트에 예속시키는 연극은 바보들, 미치광이의 연극이다. 또한 그것은 문법학자, 식료품상인, 실증주의자의 연극, 즉 서양 연극이다.[44]

3. 재현의 위기

유럽 연극이 연극사에서 오래도록 문학에 종속되어 있었던 근거는 드라마 및 연극의 첫 이론서라 할 수 있는 아리스토텔레스의『시학』이 제공했다. 『시학』이 말하는 비극이론의 구심점은 인간 행동의 모방을 통해서 연민과 공포를 일으키는 즐거움과 그 감정을 정화하는 데에 있다. 그런데『시학』 6장과 14장은 이러한 비극의 목표가 공연이나 배우 없이 극작술의 구성만으로 가능하다고 했다. 그리고 비극의 여섯 구성요소를 언급할 때도, 그 중요도에서 노래와 상연은 극작술에 굳이 필요하지 않으며, 특히 상연은 "가장 예술성이 적고 극작술과 가장 관계가 먼 것"으로 간주했다.[45] 그렇게 연극은 문학의 우위성 아래 위

---

44 빠트리스 파비스, 『연극학 사전』, 신현숙 · 윤학로 역, 현대미학사, 1999, 456쪽 재인용.

45 Aristoteles, *Poetik*, übersetzt u. hrsg.v. Manfred Fuhrmann, Stuttgart(Reclam),

치했다.

이러한 관점에 있는 아리스토텔레스의『시학』은 르네상스에서 16세기 이탈리아의 아리스토텔리즘(aristotelism)으로 부활했고, 17세기 프랑스의 궁정 중심적인 고전주의 규칙시학에 이어 18세기 독일의 고트셰드(Johann Christoph Gottsched, 1700~1766)에서 레싱으로, 그리고 19세기 사실주의 연극에서 자연주의 연극으로 그 권위를 이어갔다. 이렇게 유럽의 연극 전통은 문학의 우위성 아래 부차적인 예술로 존재하는 문학연극이었다. 19세기 말에 이르기까지 문학에 종속되었던 연극이 자신을 문학으로부터 해방한 독립된 예술로서 자신의 정체성을 발견하는 때가 바로 20세기 전환기의 '현대연극'이었다.

19세기 중엽, 소크라테스 이후 이성과 논리 중심에 있던 유럽의 전통철학은 흔들리기 시작했다. 더욱이 20세기 초 정신분석학자 프로이트(Sigmund Freud, 1856~1939)는 인간의 정신 구조에 인간이 의식하지 못하는, 통제 불가능한 무의식의 영역이 있으며, 이 무의식이 인간 행위를 결정한다는 것을 발견한다. 이러한 발견은 이제까지 서구가 믿어왔던 이성적이고 자율적인 주체로서의 인간관에 위기를 가져왔다. 동일성에 있던 인간의 분열은 주체의 위기를 맞게 되고, 이는 언어의 위기로 표면화되었다.

사실주의와 자연주의 예술은 예술가 주관 너머의 현실을 다시 그

1982, p.25.

려낸다. 즉 재현한다는 것인데, 이는 기실 예술가가 "주체로서 세계를 규정하는 일"[46]을 포기하는 것이다. 이것은 달리 말하면, 문학적 주체의 위기이자 사유의 위기이다. 이 문학적 위기는 1902년 오스트리아 작가 호프만스탈(Hugo von Hofmannsthal, 1874~1929)의 〈편지(Ein Brief)〉(이른바 〈찬도스 경의 편지(Lord Chandos-Brief)〉)에서 정점을 이루었다. 이 작품은 26세의 젊은 청년 찬도스 경이 영국의 역사적인 인물인 합리주의자 프랜시스 베이컨(Francis Bacon, 1561~1626)에게 쓰는 에세이 형식의 허구적 편지다. 찬도스 경은 이 편지에서 자신의 2년간의 문학적 무위에 대해 그 이유를 밝히는데, 그 이유라는 것이 자신이 언어의 위기에 있었다는 것이다. 그는 "뭔가 관련해서 생각하거나 말을 하는 능력을 완전히 잃어"버렸으며, "추상적인 말이 마치 썩은 버섯처럼 입안에서 부서져"버렸다고 했다.[47] 그의 언어적 위기는 주체의 동일성 위기로 이어진다. 하여 지금의 자신이 19세 때 "화려한 말에 들뜬 목동극을 […] 써내려간" 사람과 같은 사람인지를 묻는다.[48]

언어의 위기가 표면화되기 전 언어는 문자와 의미가 일체요 한 몸이었다. 벤야민(Walter Benjamin, 1892~1940)은 이러한 언어를 '아담의 언

---

46 Dieter Borchmeyer, Viktor Zmegac(Hg.), *Moderne Literatur in Grundbegriffen*, 2. Aufl. Tübingen 1994, p.366.

47 Hugo von Hoffmannsthal, *Erzählungen*, Frankfurt a.M. : S. Fischer, 1986, p.131f. ; 후고 폰 호프만스탈, 『호프만스탈』, 곽복록 역, 지식공작소, 2001, 121쪽.

48 Hugo von Hoffmannsthal, ibid., p.126f. ; 후고 폰 호프만스탈, 위의 책, 116쪽.

어'라고 불렀다. 자신의 글 「언어 일반과 인간의 언어에 대하여(Über Sprache überhaupt und über die Sprache des Menschen)」(1916)에서 그는 인류의 첫 사람 아담의 언어를 신이 창조한 것에 이름을 지어준 축복의 언어라고 했다. 아담의 언어가 이름 짓기에서 그 이름 속에 피조물의 본질을 담고 있으며, 그 이름은 다만 인간 언어로의 '번역'이라는 것이다. 이렇게 아담의 언어는 사물과 이름이 보이지 않는 유사성으로 묶여 있다. 그러므로 축복의 언어는 인간과 자연을 연결하고 소통하게 했으며, 이러한 소통에는 피조물의 본질을 닮은 모방, 곧 "존재론적 닮기"로서의 미메시스가 가능했다.[49] 그런즉 드라마는 이러한 미메시스에 의해 세계 속 인간과 그의 이야기를 재현할 수 있었고, 연극은 또 그런 드라마를 무대 위에 재현할 수 있었다. 즉 언어의 본질과 형상이 유사성으로 묶여 있기에 드라마와 연극은 문자로든 이미지로든 재현적 형상화가 가능했던 것이다.

그러나 축복받은 아담의 언어는 언어적 본질을 잃고, 미메시스적 소통 능력은 인간에게서 떠나게 된다. 18세기 독일 철학자 칸트(Immanuel Kant, 1724~1804)는 인간의 인식이 현상계 혹은 경험계로 제한되어 있어서 피조물인 대상 곧 물자체(物自體, Ding an sich)는 알 수 없다고 주장했고, 20세기 전환기 스위스의 언어학자 소쉬르(Ferdinand de Saussure, 1857~1913)는 그의 언어 연구에서 피조물과 인간의 이름 짓기

---

49   진중권, 『현대미학』, 아트북스, 2003, 18쪽.

는 서로 아무 관계가 없는, 인간의 자의적 행위라고 규명했다.

언어는 이제 진리를 전하는 문학적 도구에서 스스로를 성찰하는 분석 대상이 되었다. 소쉬르 사후에 제자들이 그의 강의 내용을 모아 출간한 『일반 언어학 강의(*Course in General Linguistics*)』(1916)에 따르면, 언어는 기호(sign)이며, 기표(표시체, 시니피앙(signifiant))와 기의(의미, 시니피에 (signifié))로 구성된다. 과거의 전통철학이 기의에 무게를 두었다면, 소쉬르의 기호론(sémiologie)은 이를 기표로 옮겨놓았다. 지구에서 태양으로 그 중심을 옮긴 코페르니쿠스적 전환과 같이, 이것은 언어에서 그 중심을 기의에서 기표로 이동한 "언어적 전향(linguistic turn)"[50]이다. 소쉬르는 기표와 기의를 일대일 대응으로 보았는데, 20세기 후반부 포스트모더니즘은 기표에 하나의 명백한 기의가 함께 있지 않고, 오히려 기의는 기표들의 놀이로 계속 지연되고 미끄러진다고 보았다. 포스트모더니즘의 프랑스 철학자 자크 데리다(Jacques Derrida, 1930~2004)는 이를 공간적 차이와 시간적 연기를 합한 신조어 '차연(差延, différance)'이라고 명명했다. 이렇게 기의는 20세기가 흐르는 동안 더 불확실하고 모호해진다.

아담의 언어가 지녔던 언어적 본질을 떠난 현대의 언어는 이제 더 이상 진리의 저장소가 아니었다. 사물과 이름이 무연(無緣) 관계인 언

---

50 '언어적 전향'은 로티(Richard Rorty)가 출판한 책 제목 *The Linguistic Turn. Essays in Philosophical Method*(Chicago 1. A. 1967)에서 처음 쓰였다.

어는 추상적인 개념이 되었고, 이로써 인간과 자연 간의, 인간과 인간 간의 미메시스적 소통은 불가해졌다. 의미의 동일성 또는 유사성을 잃어버린 언어는 인간을 소외와 몰이해에 있게 하는데, 이것은 현대 드라마의 특징으로 나타난다. 그 예를 루이지 피란델로(Luigi Pirandello, 1867~1936)의 〈작가를 찾는 6인의 등장인물〉(1921)에서 아버지의 대사가 들려준다. 아버지는 인간과 인간 간의 언어적 소통 불가를 토로한다.

> 바로 여기서 모든 불행한 일들이 생겨요, 말들 속에서! 우린 모두가 자기 내부에 온갖 사물들에 대한 세계를 가지고 있어요. 각자 자기 나름의 세계를요! 그런데 어떻게 우리가 우릴 서로 이해할 수 있겠어요. 선생, 나는 내가 하는 말 속에다 내 안에 있는 것들의 의미와 가치를 담고 있다면, 한편 듣는 사람 쪽에선 불가피하게 그들 자신 안에 지니고 있는 세계에 대한 나름대로의 의미와 가치로 그 말들을 받아들일 텐데 말이죠? 우린 서로를 이해한다고 생각하고 있지만 사실 전혀 서로를 이해하지 못하고 있어요![51]

이처럼 현대 드라마는 세계 속 인간과 그의 이야기의 재현을 더 이상 신뢰할 수 없게 된다. 그 결과 서사성은 약해지고, 드라마는 인간 내면의 형상화로 진입한다.

페터 손디(Peter Szondi, 1929~1971)는 저서 『현대 드라마의 이론(*Theorie*

---

51   루이지 피란델로, 『피란델로 대표희곡선』, 장지연 역, 생각의나무, 2001, 67~68쪽.

des modernen Dramas 1880-1950)(1956)의 서두에서 르네상스 시기에 새로운 시대의 드라마가 탄생했으며, 중세의 세계상이 붕괴한 후 자신에게로 돌아온 인간이 오롯이 인간 상호 간의 관계 재현만을 구축하는 새로운 드라마의 내적 현실에서 자신을 확인하고 반영하고자 했다고 서술했다. 그리고 새로운 시대의 드라마는, 르네상스 시대에 프롤로그, 코러스, 에필로그를 제거하고 난 뒤, 인간 상호 간의 세계를 재현하는 매체로 대화를 "드라마 조직의 유일한 구성요소"[52]로 삼았다고 했다. 하여 대화는 "드라마를 지탱해가는 것"으로 "드라마의 가능성은 대화의 가능성에 달려 있다."고 손디는 설명했다.[53] 그리고 그는 드라마 장면의 역동성은 사건 진행이며, 인간 상호 간 관계의 변증법적 구조에서 나오고, 이 변증법 구조에 내재하는 미래적 요인 덕분에 "드라마의 시간 진행은 절대적인 현재의 연속"[54]에 있다고 했다. 이렇게 새로운 시대가 낳은 드라마의 본질을 통찰한 손디는 드라마를 "언제나 현재적이고(1) 인간 상호 간의(2) 사건(3)에 있는 문학 형식"[55]으로 정의했다.

　그런데 손디는 19세기 말에 출현한 드라마들이 그가 내린 드라마 정의에서 벗어나 있으며 이러한 경향을 드라마의 위기로 진단했다. 시

52　Peter Szondi, *Theorie des modernen Dramas*, Frankfurt am Main (Suhrkamp), 1965, p.15.

53　ibid., p.19.

54　ibid., p.17.

55　ibid., p.74.

민사회의 사실주의 및 자연주의 드라마가 형식에서 르네상스의 새로운 드라마의 형식원칙을 고수했다면, 이 시기에 출현한 드라마는 손디가 내린 드라마 정의의 세 요인에 각기 대립하는 요인의 드라마라는 것이다. 그 예로 그는 극작가 입센, 체호프, 스트린드베리, 메테를링크, 하우프트만의 작품을 분석했다. 다음은 손디의 분석 내용이다.

입센의 〈존 가브리엘 보르크만〉(1896)은 분석 드라마로 극적 현재를 구현하지 않고 "과거 자체", 곧 "오랜 세월", "전적으로 망쳐버린, 잘못된 인생"이 주제다.[56] "인간 상호 간의 관계에서 유래하는 이 주제는 오직 서로 소외되고 고립된 사람들의 내면에서 그 관계를 반영한다." 입센에게 시민 세계의 비극성은 거짓된 삶에 있으며, 이 숨겨진 삶에서 드라마는 내면의 진실을 들추어내는 것이다. 이 주제는 "본질적으로 소설의 소재"이며 "오직 분석기법 덕분에 무대에 가능하다."[57]

체호프의 〈세 자매〉의 인물들도 현실의 삶을 회상이나 유토피아적 공상에 내어주며 현재를 살지 않고, 대화는 대화를 가장한 독백들로 "고독의 시(Lyrik der Einsamkeit)"[58]로 넘어간다. 이렇게 "대화의 형식적 철회는 필연적으로 서사문학에 이른다."[59] 스트린드베리의 '자아중심극'

---

56 ibid., p.28.
57 ibid., p.29.
58 ibid., p.36.
59 ibid., p.40.

나 '정거장식 드라마'는 중심인물의 주관적 시점에서 그려지며 진행되고, 인간의 상호관계가 생기지 않으며, 유기적인 관계가 지배하지 않는 장면들은 서사화에 있다.

메테를링크의 '정적인 드라마(drama statique)'는 운명에 무기력하게 내맡겨진 상황 속의 인간을 주제로 하기에 사건 진행을 배제하고, 인간 상호관계를 벗어난 대화는 서사적으로 기여한다. 그리고 하우프트만의 사회극(Soziales Drama)은 개인적 삶을 지배하는 경제적 · 정치적 상황을 묘사하려는 사회적 주제 자체가 서사적이어서 인간 상호 간의 사건 진행이 없다. 그러므로 "작품의 통일성은 극 행동의 지속성이 아닌, 상황들과 사건들을 인도하는, 보이지 않는 서사적 자아에 근거를 둔다."[60]

위에 언급된 작품들은 인간 상호 간의 관계가 현재가 아닌 과거, 내면, 몽상으로 대체되고, 인간관계가 지양된다. 그러므로 사건 진행은 부수적이거나 결여하며, 인간 상호 간의 표현 형식인 대화는 독백 같은 성찰이나 서사적 도구가 된다. 손디는 이 드라마들이 보여주는 공통적인 형식의 문제점은 드라마 자체로부터 멀어져가는 것이며, 그것은 드라마의 반대 개념인 서사화로, 즉 서사 작가와 그 대상의 형식으로 가고 있다고 결론짓는다. 그리고 그 원인은 19세기 말 드라마들의

---

60   ibid., p.70.

"주제적 변화"[61]에 있으며, 이 주제적 변화에 따른 작품들이 지닌 형식의 문제성에서 손디는 현대 극작법(moderne Dramatik)을 발견한다.

20세기 전환기 재현의 위기는 주체의 위기, 언어의 위기, 그리고 드라마의 위기로 나타났다. 그리고 20세기 언어 연구는 언어와 사물과 인식의 관계가 복합적이며, 인식은 주체적이거나 객관적이지 않다는 것을 밝혀주었다. 언어를 성찰함으로써 현대철학은 전통철학의 하나의 절대적인 진리를 떠나 다수의 상대적인 진리들을 인정하고, 총체성(Totalität)은 개체성(Partikularität)으로, 보편(das Allgemeine)은 특수(das Besondere)로 그 패러다임을 전환했다.[62] 현대철학의 이러한 인식론적 전환에 기여한 철학자는 독일의 프리드리히 니체(F. W. Nietzsche, 1844~1900)였다. 그는 소크라테스 이래로 서양철학의 유산인 이성 중심주의를 비판했고, 이성의 철학보다 감성의 철학 내지는 몸의 철학을 내세웠으며, 세계의 근원적인 다원성을 심층적으로 성찰했다.

그리고 니체는 재현미학의 사실주의 · 자연주의 예술을 비판했다. 그 콘셉트가 "감각적인 확실성의 직접성과 의식으로부터 독자적인 현실의 전제"[63]에서 출발하고 있기 때문이다. 즉 사실주의 · 자연주의 예술은 감각이 직접 지각하며 주체의 의식과는 상관없는 객관적 현실

---

61 ibid., p.74.

62 유형식, 『문학과 미학—의미의 탄생에서 의미의 사망까지』, 도서출판 역락, 2005, 382~383쪽.

63 Dieter Borchmeyer, Viktor Zmegac(Hg.), op.cit., p.365.

을 재현하려는 콘셉트라는 말이다. 마치 19세기 사진술의 발명이 실천한 것과 같이, 사실주의 · 자연주의 예술은 세계를 객관으로 관찰하고, 모방 안에서 세계를 예술적으로 다시 그려내며, 동시에 작가와 이야기꾼이 보이지 않게 하려 한다. 곧 예술과 객관 세계의 동일성 지향이 재현미학의 이상적인 목표였다. 그러나 니체는 사실주의자들의 이러한 객관적인 요구를 모순으로 간주하고, 그들이 실증으로 믿고 있는 '사실'에 대해서 다음과 같이 반박했다.

> "현상에 머무르며 '사실들(Tatsachen)'만이 있을 뿐이다"라고 말하는 실증주의에 대해 나는 이렇게 말하겠다. 아니다, 사실이라는 것은 없다. 단지 해석만이 있을 뿐이다. 우리는 어떤 사실(Faktum)도 '그 자체'로 확정할 수는 없다.[64]

이처럼 니체는 사실주의자들이 말하는 객관적 사실, 즉 "모든 소위 '실제적인 것'의 주관적인 조건"[65]을 알았다. 그에게 객관적 사실이란 철학적 순진함이었다.

> 그대들은 스스로 사실주의자들이라 말하고, 세계가 그대들에게 나타나는 것과 같이 그렇게 실제로 되어야 한다고 암시한다. […] 모든

---

64 *F. Nietzsche-Sämtliche Werke*, Kritische Studienausgabe in 15 Bänden, Bd.12, G.Colli/M. Motinari(Hg.), München; Berlin; New York, (De Gruyter), 1980, p.315.

65 Dieter Borchmeyer, Viktor Zmegac(Hg.), op.cit., 365.

느낌에, 모든 감각이 주는 인상에 어느 공상, 선입견, 비이성, 불확실성, 두려움, 그리고 그 밖에 모든 것이 그것에(그대들에게 나타나는 것에) 일하고 활동한다.[66]

니체에 따르면 인간의 인식에서 근본 조건은 주체의 관점이다. "단지 관점주의적 봄만이 존재할 뿐이다. 단지 관점주의적 '인식'만이 존재할 뿐이다."[67] 즉 인간의 인식은 객관 세계 그 자체를 인식하는 것이 아니라, 인간의 신체기관에 의존한 지각에 기반을 둔, 인간에 의한 인식이기 때문이다. 이러한 인간의 인식은 관점주의와 가상주의를 낳고, 세계는 다원적 사유에 의한 다양성을 갖는다. 그런고로 모든 개인 "각각의 관점은 세계에 대한 하나의 위조(Fälschung)를 실행"하고, "세계는 우리에게 '사실'이 아니라 가상"으로, "이 가상은 해석으로 존재"한다.[68] 그러므로 예술은 가상의 세계이며, 그 가상의 세계는 다양한 주체의 관점에 따른 해석으로 존재한다는 것이다.

20세기 전환기 현대연극의 출발은 이렇듯 하나의 절대적인 진리가 아닌 다수의 상대적 진리들로 그 패러다임을 이동하는 현대철학이 그 근거를 마련해주었다. 그리하여 문학 텍스트는 하나의 절대적인 해

---

66 Nietzsche, "Fröhliche Wissenschaft", ibid 재인용.

67 이상엽, 「니체의 관점주의」, 『니체연구』 16, 한국니체학회, 2009, 99~128쪽, 102쪽 재인용.

68 위의 글, 110쪽.

석, 진리로서의 해석을 의심받기 시작했고, 연극에서는 문학 텍스트의 절대적 권위가 흔들리기 시작했다. 더욱이 니체의 관점주의는 세계의 다원성을 확인해주었고, 이로써 문학 텍스트는 무대 위에 다양한 해석의 가능성을 열기 시작했다.

오랜 세월 유럽 연극이 대부분 문학연극으로서 문학적 내용과 의미를 이차적으로 중개하는 매개체로 기능해왔다면, 현대연극은 마침내 그 중개 기능을 떠날 수 있었다. 이제 연극은 자신이 문학과 다름을 알고, 고유성을 인지하며, 정체성을 성찰하고, 미학적 독립을 이룬다. 그리고 주체와 언어 위기가 초래한 재현미학의 위기에서 연극만의 예술적 유희의 길을 열게 되었다. 문학 텍스트는 자신을 연극의 새로운 창조적 해석에 내맡기게 되었고, 현대연극은 이러한 새로운 창조적 해석이 연극 조건이 되는, 그야말로 연출가의 해석에 의존하는 연극으로 나아갔다.

4. 연출가연극과 동시대성

연출

연출은 영어로는 프로덕션(production), 스테이징(staging), 디렉션(direction)으로 표기하고, 독일어 표기인 레지(Regie)는 '관리, 이끎'을 뜻하는 프랑스어 레지(régie)에서 왔다. 연극의 역사에서 연출은 오늘날처럼 구별된 영역으로 있지 않았다. 고대 그리스 연극에서는 대부분 코러스 연습을 책임지는 작가가 연출을 맡았고, 더욱이 작가는 연기도 했으므로 배우들의 연기에 대해서 그리 관심을 기울이지 않았다. 작가가 연출을 맡지 않는 경우는 전문적인 코러스장이 참여했다. 그러나 코러스장에게 맡겨진 것은 예술적인 작업이 아니라 코러스의 재정적이고 물질적인 공급이었다. 중세연극에서의 연출 임무는 교회에서 연극을 조정하고 장면의 흐름과 언어 형상화를 감독했기 때문에 사제가 주관했고, 마을의 교회 앞 광장이나 이동무대의 경우 프롬프터(prompter)가 배우들을 연습시키고 또 공연에서 배우들에게 대사를 불러주었다.

프롬프터는 르네상스 시대 영국 연극에서도 연출 기능을 맡았다. 그 예로 셰익스피어의 〈한여름 밤의 꿈〉(1595/6)에서 극중극을 관장하고 지도하는 인물 퀸스가 있다. 그는 드라마투르기와 대본의 무대 가능성을 작업하고, 연극 연습을 이끈다. 이탈리아 르네상스기의 코메디아 델아르테(commedia dell'arte)는 직업적인 전문 극단으로 대본 없이 줄거리 개요만 가지고 배우들이 즉흥연기를 했는데, 연출의 기능은 배우 중에서 중심이 되는 1인물이 수행했다.

스타 중심의 연극이 만들어지던 18세기는 영국의 최고 배우였던 개릭(David Garrick, 1717~1779)이 극단 운영자로서도 성공했는데, 그는 희곡 선정과 역할 배정 및 연습 과정 등을 총괄하며 연기도 했다. 18세기 후반 독일은 함부르크와 바이마르에 상설극장을 세웠으며, 시인이나 극작가가 예술감독으로 연출의 기능을 수행했다. 1767년에 개관한 함부르크 국립극장의 초대 예술감독인 뢰벤(Löwen)은 시인이었고(그는 레싱을 극장의 전속 극작가로 초대한 인물이다), 극작가 괴테는 1791년 바이마르 궁정극장(Hoftheater)의 초대 예술감독이었다. 괴테는 자신만의 뚜렷한 양식을 선보이며, 동시대성을 위해 문학 텍스트의 변형을 시도한 연출을 함으로써 어느 정도 독립적인 연출가로서의 모습을 보여주었다. 독일어권에서 연출가(Regisseur)라는 호칭은 1771년 빈 부르크극장의 배우 스테파니 d. Ä.(Christian Gottlob Stephanie d. Ae, 1734~1798)에 의해 처음으로 사용되었다.[69]

오늘날 연출은 상연(무대형상화)의 계획과 연습을 예술적으로 이끌어가는 연출가의 의무 영역을 뜻한다. 연출가는 작품을 선택하고 결정하며 상연의 장면을 실현화시키는 지도자로서 이에 대한 책임이 있고, 때때로 프로젝트에 해당하는 작업을 병렬시킨다. 상연을 위한 첫 준비 단계에는 드라마 텍스트의 독서 및 분석, 공연을 위한 텍스트 작업이 있다. 연출가는 이 작업을 드라마투르그와 함께 진행하면서 상연 콘셉트를 정한다. 때로 역할 배정도 연출가와 드라마투르그가 함께 한다. 두 번째 작업은 조연출, 드라마투르그, 무대미술가, 의상디자이너, 조명디자이너 등으로 이루어진 생산팀의 토의를 통하여 상연

---

69 Wolfgang Beck, *Chronik des europäischen Theaters: Von der Antike bis zur Gegenwart*, Stuttgart: Weimar, 2008, p.83. 이 호칭은 후에 만하임의 극장 기록(Protokoll, 1785)에서 무대감독들의 업무를 위해 기록되어 있었다.

콘셉트를 구체적으로 발전시키고, 무대미술 콘셉트, 의상과 소도구들의 선택 등 무대장치가와 기술적인 지도를 협의한다. 세 번째 작업은 상연을 위한 연습의 진행이다. 그 중심에는 배우들과의 작업, 역할의 형상화를 위한 대사와 움직임, 앙상블 연기의 연출이 있다. 그리고 각 장면 설계 및 연출, 조명, 무대장치, 영사법, 음향, 음악 등 기술 배치에 이르기까지 연출가는 상연에 관계되는 총체적인 영역을 관장한다.

현대연극의 연출가 개념

오스트리아 극작가 후고 폰 호프만스탈(Hugo von Hofmannsthal, 1874~1929)은 20세기 전환기의 특징을 "이 시대를 짊어진 세대는 이전 것에 반하여 눈의 감각으로 전환하고 있다."[70]고 간파했다. 이러한 시대적 전환은 연극에서도 탈문학화와 시각화라는 패러다임의 변화를 가져왔고, 푹스의 모토인 "연극의 재연극화"[71]로 나아갔다. 새로운 연극의 패러다임이 연출가연극을 탄생하게 했는데, 그 이론적 바탕은 크레이

---

70 Hugo von Hofmannsthal, "Das Reinhardtsche Theater" (1918), *Gesammelte Werke*, Reden und Aufsätze II, 1914~1924. B. Schoeller, R. Hirsch(Hg.), Frankfurt/M, 1979, pp.250~254, p.253.

71 푹스는 1905년에 출간된 『미래의 연극무대(*Die Schaubühne der Zukunft*)』에서 아방가르드의 "전장의 함성"이 되는 모토를 "연극의 재연극화"로 세웠다. E. Fischer-Lichte, op.cit., p.473, Anm.1.

그가 제공했다.

크레이그는 당대의 언어 회의적인 관점에서 낱말언어의 예술적 성과가 가져올 능력을 의심했다. "나는 드라마들이 당신에게 무엇인가를 결코 말하지 않는다고 느낀다. 당신이 발화된 어떤 낱말을 결코 듣지 않는다는 뜻은 아니다, 그것이 큰 축복이라 할지라도."[72] 크레이그는 급진적으로 "작가는 연극에 속하지 않고, 그는 결코 연극에서 유래하지 않았으며, 결코 연극에 속할 수 없다."고 하며, 연극의 탈문학화를 주장했다. 그에게 연극은 연상으로 연결되는 그림들이 이어짐으로써 구성되는 것이므로 그는 연극의 시각화를 변호했다. "내가 당신에게 보여주는 것은 스토리가 아니라 장면들이다(Not stories, but sights I show you)."[73]

1906년 크레이그는 대본 〈계단(The Steps)〉에서 상위의 주제 아래 논리적 전개의 이야기로 연결되지 않는 느슨한 이어짐으로 네 개의 다른 분위기에 있는 장면들을 발전시켰다. 무대 공간은 스토리의 장소가 아니라 분위기가 중요했고, 시각화의 권한에 있는 연극은 그림연극(Bildtheater)의 성격을 띠었다. 그림연극이란 크레이그가 조형예술적인 작품 이해와 재료 이해를 연극에 적용한 것인데, 그 이유는 조형예술 작품의 특별한 생산 조건과 그것의 최종적인 공간의 고정화가 연

---

72 Edward Gordon Craig, *Towards a New Theatre*, London, 1913, p.23.

73 Uta Grund: "Von der Rehabilitierung zur Verabsolutierung der Opsis. Bildertheater um 1900", Christoph Balme, E. Fischer−Lichte, Stephan Grätzel(Hg.), *Theater als Paradigma der Moderne?*, Tübingen 2003, pp.81~90, p.86 재인용.

극 작업 방법을 위한 모델이었기 때문이다. 공동 작업의 예술 형식이라는 전통적인 연극 이해와는 달리, 그는 1905년의 저서『연극예술(*The Art of the Theatre*)』에서 연극의 상연을 한 예술가의 고유한 작품으로 간주했고, 그 연극예술가는 화가 또는 "그래픽 예술가"[74]로 행할 것을 요구했다. 그러므로 그는 연극예술가의 의도에 계산할 수 없고 조정할 수 없는 배우를 예술의 재료로 합당하지 않다고 보았고, 배우 대신 초인형(Übermarionette)으로 대체하는 연극을 주장하기까지 했다. 화가 또는 그래픽 예술가로서의 연극예술가라는 크레이그의 연출에 대한 개념은 "현대 연출가연극의 이론적 바탕"[75]이 되었다.

그러나 크레이그의 시각적 연극과 초인형연극에 대한 아이디어가 문학 영역에서 시작되었다는 것은 아이러니하다. 바로 벨기에 출신의 프랑스 상징주의 극작가 모리스 메테를링크(Maurice Maeterlinck, 1862~1949)에 의해서인데, 그가 "조형미술적 친화력을 제시"[76]하는 상징주의 연극이론과 배우를 조각, 그림자, 투사 또는 인위적인 형상으로 대체하자는 제안을 했고, 이를 크레이그가 수용한 것이기 때문이다. 메테를링크는 당대의 환영연극과 심리적 인과관계에 기반을 둔 행동의 문학연극을 비판했다. 더욱이 드라마의 문학적 상상과 연극의

---

74 ibid., p.87.

75 ibid.

76 ibid., p.88.

연극적 공시(公示)의 대립성을 주장했다. 즉 드라마는 작가의 문학적 구상력과 상상력에 제한이 없는 데 반하여, 연극은 공개적인 무대화에서 시공간적인 제한과 배우 표현의 우연성으로 제한받는 차이가 있다는 것이다.[77]

연출가연극의 출발과 그 양상

독일어권 연극에서 '레지테아터(Regietheater)'란 각 분야의 일이 구분되어 있는 연극에서 가장 우위를 점하는 연출가가 연극의 생산자, 곧 작품의 예술가가 되는 연극을 말한다. 이런 연극을 우리는 연출가연극(Regietheater, 직역하면 연출연극)으로 번역했다. 현대연극의 주요 특징인 연출가연극은 독일 연출가 막스 라인하르트에게서 시작되었다. 그러므로 그의 연극 작업은 연출가가 연극예술가로 등극하는 연출가연극의 생성 과정과 그 제반 상황을 제공한다.

1894년 가을, 베를린의 도이치극장 감독 오토 브람(Otto Brahm, 1856~1912)은 잘츠부르크에서 활동 중이던 라인하르트를 발견하고 앙상블에 필요한 배우로 영입했다. 이후 라인하르트는 1902년까지 8년 반을 브람의 앙상블에서 고정된 역할들을 맡으면서 자신의 위치를 견

---

77 Brincken u. Englhart, *Einführung in die moderne Theaterwissenschaft*, Darmstadt, 2008, p.13.

고히 세웠다. 그러나 그는 브람의 일관된 자연주의 연극과 그 양식에 한계를 발견하고, 1900년부터 연출로 나섰으며, 언어에 붙들린 자연주의 드라마와는 다른 색감과 연기로 시각적인 연극을 추구했다.

1905년 1월 셰익스피어의 〈한여름 밤의 꿈〉 공연은 라인하르트에게 연출가로서의 명성을 만들어주었다. 연극사 최초로 회전무대를 사용하여 무대 위에 입체적인 숲을 설치했고, 막은 열린 채 미리 세워놓은 무대 장소의 순간적 전환은 극 진행의 역동성을 더했다. 그리고 극 인물 요정 퍼크가 그간의 공연들에서 관습적으로 "목가적이고 부자연한 발레의 창조물"로 그려졌다면, 라인하르트는 그를 "악마적인 자연의 존재"로 그려냈는데, 연출가가 희곡 텍스트에 이렇게 적극적인 관계를 보여준 것은 처음이며 새로운 것이었다.[78] 공연의 회전무대와 새로운 해석은 베를린에 선풍적인 반향을 일으켰고, "〈한여름 밤의 꿈〉의 승리, 라인하르트의 개인적 성공은 연출의 독립을 신호했다."[79]

그해 10월에는 도이치극장에 라인하르트의 배우 양성 학교가 세워졌으며, 브람의 운영체제는 라인하르트로 옮겨갔다. 라인하르트는 브람처럼 공연 프로그램을 이끌었다. 자연주의 연극에만 집중했던 브람과는 달리, 라인하르트는 고전에서부터 슈니츨러, 스트린드베리, 메

---

78 Leonhard M. Fiedler, *Max Reinhardt*, Reinbeck bei Hamburg (rororo), 1975, pp.41~42.

79 ibid., p.47.

테를링크, 와일드, 호프만스탈, 베데킨트, 슈테른하임 등 당대 극작가들의 작품들까지 그의 레퍼토리로 삼았다. "전통과 현대의 연속성을 보이는 것이 시작 이래로 그의 목표"[80]였다.

라인하르트는 "읽히는 작품과 연기된 작품은 결코 절대적으로 일치되지 않는다."[81]고 생각했다. 그러니까 연극은 정형화된 해석으로 규정되고 고착될 수 없다는 것이다. 그러므로 그는 자신의 해석에 따라 연출 콘셉트를 정하고, 이를 정확히 실현하기 위해 아주 미세한 부분까지 기록해놓은 상세한 연출 노트를 작성했다. 그의 연출 노트는 "악보와 같은 것으로 완전히 시각적이고 청각적인 비전들"[82]을 적어놓았다. 연극비평가 헤르베르트 예링(Herbert Ihering, 1888~1977)은 그의 연출 콘셉트에 대해 다음과 같이 전했다.

그것(=연출)은 이제 공연의 총체성에 적용되었다. 장면의 진행이 정확하게 완성되었다. 배우, 음악, 그리고 장식이 서로 조화를 이루었다. 몸짓과 음성 그리고 색채로 종합예술작품이 형성되었다. 이제는 더 이상 전통이나 굳어진 토대는 없다. 모든 작품은 그 자체로 제작되었다. 모든 작품과 함께 연극예술은 처음부터 다시 시작되었다. 고전 비극들이나 희극들은 마치 한 번도 공연된 적이 없었던 것처럼

80　ibid., p.75.

81　라인하르트의 말. ibid., p.42 재인용.

82　라인하르트의 말. ibid., p.43 재인용.

젊은이의 눈으로 그것들을 보는 것이다.[83]

레싱 이래 작가들이 드라마투르기를 행했던 것처럼 라인하르트도 문학 텍스트의 번역과 번안, 개작은 호프만스탈, 폴묄러(Vollmoeller) 등 작가들에게 맡겼다. 1909년 베를린 도이치극장의 괴테의 〈파우스트〉 공연에서는 드라마의 성격에 따른 공연대본 구성을 위해 독문학자를 대본 드라마투르그로 영입했으며, 1913년에는 드라마투르그 카네의 대본에 기초하여 무성영화를 제작하기도 했다. 드라마투르그들은 대본 외에도 공시와 관련된 신문 보도와 프로그램북, 잡지 같은 관객의 공연 체험을 깊이 있게 해주는 간행물을 출간했다. 『도이치극장의 잡지(*Blätter des Deutschen Theaters*)』(1928년에 '라인하르트 무대의 잡지'로 개명)는 1911년부터 도이치극장이 발간했다.

그러나 라인하르트는 작가와 드라마투르그가 함께 작업하는 경우를 제외하고, 스스로 작품 선택과 텍스트 작업, 구상(Konzeption) 등의 드라마투르기를 했다. 연습이 시작되기 전, 대본 작업과 드라마투르기적이고 장면적인 설계 작업을 홀로 완료했고, 자신의 예술적 의지와 가능성에 따라 공연에 필요한 희곡 텍스트, 배우, 무대, 조명, 음악 등 모든 요소를 지배하고 배열했다. 그의 연극은 해석에 따른 공연의 앙상블을 추구했고, 그 해석에 있어서도 배우들의 창조적인 제안을

---

83 이원양, 앞의 책, 199쪽.; ibid., p.40 재인용.

받아들였으며, 자신도 배우들의 창조를 도왔다. 이전의 도이치극장에서 브람의 지도 아래 배우로 연기하던 시절, 그는 이미 창조적인 연출의 결여를 아쉬워했었다. "브람은 객석에 앉아서 정확한 비판적인 의견을 말해주었으나, 무대 위에는 기술자들만 앉아 있었고, 그들로부터 결코 예술적 고무는 오지 않았다. 배우들은 모든 것을 스스로 행해야만 했다."[84] 연출가로서 라인하르트의 성공은 연출가가 연극 생산의 가장 중심적인 인물로 부상하는 계기가 되었고, 이로써 현대연극의 연출가연극은 출발했다.

현대연극이 자신을 문학에서 해방된 자주적이고 독립적인 예술로서 인식했듯이, 문학 텍스트를 무대화하는 연극에서도 라인하르트가 보여준 연출은 문학의 내용과 의미를 재현하는 절대적 해석과는 다른 새로운 해석에 있었다. 그러므로 '현대적 의미의 연출가'란 문학 텍스트의 새로운 해석을 생산하는 연극의 창조 주체를 의미한다. 현대연극에 있어서 연출가는 전통적인 문학연극 및 배우연극에 맞서서 연극 생산의 최상의 조직자로 그 우위를 보장받게 되었고, 개인적이고 온전한 예술가로서의 자유를 획득하게 된 것이다.

현대의 연출가연극은 더 이상 문학 텍스트에 봉사하는 재현의 무대화가 아니라, 무대에서 발화되는 언어만이 아닌 무대 위 모든 것을 통

---

84 Leonhard M. Fiedler, op.cit., p.42 재인용. 오토 브람은 독문학자이고 극장장이었지만 진정한 의미의 연출가는 아니었다.

해서 연극의 의미를 독자적으로 구성할 수 있다. 즉 연출가의 관심에 따라 무대에서 문학 텍스트를 새롭게 해석하거나 텍스트와 일정 간격을 유지하면서 텍스트 비판하기 등 문학 텍스트의 재의미화를 생산한다. 다시 말해 연출가가 연극예술의 창조 주체로서 문학 텍스트를 자신의 관심에 맞게 순응케 하는 것이 연출가연극이다. 현대연극의 현대성은 문학 텍스트로부터 완전한 자유를 획득한 것이며, 이렇게 모든 것이 허락된 현대연극은 다양한 창조의 가능성을 연 것이 그 특징이다.

예술의 가치를 시대적 가치로

20세기 전반부가 기호이자 기표인 언어와 의미 사이의 일대일 대응관계(구조주의)의 틈과 의식과 무의식의 틈을 인식하였다면, 20세기 후반부는 기표의 기의를 의심하고 그 의미를 연기한다는 인식(후기구조주의)에까지 이른다. 그런고로 20세기는 진리의 상대성에 지배되고, 문학 텍스트는 그 의미에 있어서 하나의 절대적인 해석이 아닌 무한하고 다양한 해석들을 낳는다.

예술작품은 예술가의 외부와 내부, 곧 예술가가 위치한 외부의 현실요소와 예술가의 주관적 요소가 만나서 태어난 텍스트로 복합적 의미를 구축한다. 이처럼 객관적 현실과 주관적 개인 사이에서 일어나는 예술작품의 상호텍스트성(intertexuality)은 작품 생산에서만이 아닌 작품 수용에도 존재한다. 즉 수용 대상인 텍스트와 수용자 사이에 존재하는 상호텍스트성으로, 텍스트의 수용 과정에서 수용자가 위치한 역사적 맥락과 시대정신, 문화, 정치, 사회 등의 환경과 개인적 주관이 텍스트에 작용하는 것이다.

문학적 봉사에 있는 재현적 드라마투르기에는 문학 텍스트의 절대적, 이상적인 해석이 권위적으로 군림했다. 이때는 문학 텍스트의 생산과 수용 사이에 있는 분명한 시공간적 거리가 부재한다. 그 거리란 텍스트가 생산된 시대와 텍스트가 수용되는 시대가 서로 다른 컨텍스트 — 역사, 문화, 정치, 사회, 민족 등 — 에 위치하는 데서 생긴다. 이 거리가 무시된 연극은 옛것을 보여주는 박물관과 같고, 이 거리를 인정할 때는 연극은 수용되는 시대에서의 해석이 가능해진다. 그러니까 문학 텍스트는 수용자 주체, 곧 해석자의 관점에 따라 "끝없는 해석 가능성의 과정"[85]에 놓이게 된다.

독일의 연극비평가 귄터 륄레(Günther Rühle, 1924~2021)는 그의 저서 『연출에서의 무정부?(*Anarchie in der Regie?*)』(1982)에서 연출가연극의 자유로운 해석과 연출에 대해서 다음과 같이 언급한다.

> 동시대의 동료로서 자신을 이해하는 연출은 새로운 질문에서 출발한다. 연출이 배우들의 도움과 함께 자신을 실현하는 과정이 해석이다. 해석은 그러나 지금 더 이상 후표기로서 억양 붙이기, 감정이입, 앞서 발견된 것의 완성으로서가 아니라 우리에게 관계하는 것을 끄

---

85 Guido Hiß, *Der theatralische Blick*, Berlin: Reimer, 1993, p.15.

집어내는 것으로 이해된다. 곧 장면을 생각하는 지성을 통해서 해석은 지식의 탐구(조사)이며, 그리고 그것의 표현인 것이다.[86]

륄레에 따르면, 연출가는 동시대적 관점에서 시대와 관계하는 것을 문학 텍스트에서 발견하고 끌어내는 해석자다. 연극은 배우와 관객 간의 '지금', '여기'라는 현재 진행형에 존재하므로, 다른 어떤 예술보다도 동시대의 역사 속으로 들어갈 수밖에 없다. 그러기에 연출가는 예술작품에서 동시대와 상관있는 것의 발견자이고, 동시에 동시대적 해석의 창조자이다. 즉 연출가연극은 문학 텍스트가 지닌 낯선 것을 동시대의 것으로 환원시킨다. 이렇게 연출가연극은 문학 텍스트에 예속되지 않은 채 그것을 자유로이 상대하면서 참조한다. 그런 탓에 연출가연극은 문학 텍스트에 대한 불성실의 비난을 자주 받아왔고, 원작의 충실과 파괴라는 대립하는 두 관점의 토론을 촉발했다.

연출가연극 생산의 중심에는 새로운 해석으로서의 드라마투르기가 있다. 이전의 재현적 드라마투르기가 문학 텍스트의 내용과 의미를 무대 위에 재현화하는 데에 봉사했다면, 연출가연극의 드라마투르기는 문학 텍스트의 재의미화에 종사한다. 곧 종래의 해석이 아닌 새로운 관점의 해석을 끌어낸다. 이러한 새로운 해석이 가능할 수 있는 것은 현대연극이 연극을 무대와 관객과의 관계에서 새롭게 정의하는 데

---

86 Günther Rühle, *Anarchie in der Regie?*, Frankfurt am Main, 1982, p.101.

에 기인한다. 그 새로운 정의는 현대연극이 종래의 사실주의 및 자연주의 연극에서 제4의 벽 너머에 마치 없는 듯 존재했던 관객의 위치를 연극예술의 공동 창조자로 새삼 발견하는 것에 있다. 그러므로 연출가연극의 새로운 해석이란 동시대인으로서의 연출가 자신뿐만이 아니라 관객에게도 관계되는 의미 산출에 있는 것이다. 이것은 연극현장의 실천 및 연극이론에서도 확인된다. 대학에 독자적인 학문으로서의 '연극학' 설립에 이론적 초석을 놓은 막스 헤르만(Max Hermann, 1865~1942)은 1920년 강의에서 연극을 사회학적인 관점에서 다음과 같이 새롭게 정의했다.

> 연극의 원래 의미는 [⋯] 연극은 사회적인 놀이였고, 모두를 위한 모두의 놀이였다는 데에 있다. 이 놀이에는 모두가 참여자 [⋯] 관객은 함께 놀이하는 요인으로서 참여한다. 관객은 이른바 연극예술의 창조자다. (연극은) 연극축제를 만드는 많은 참여자로 인해 사회적 기본성격을 잃지 않는다. 연극에는 항상 하나의 사회적 공동체가 있다.[87]

연출가연극은 사회적 놀이 및 공동체로서의 연극이라는 새로운 정의, 그리고 작품의 공동 창조자, 곧 새로운 해석의 완성자로서의 관객의 위치 등극, 이러한 연극예술의 이해 변화가 끌어낸 것이다. 그

---

87 Max Hermann, "Über die Aufgaben eines theaterwissenschaftlichen Institutes", Helmar Klier(Hg.), *Theaterwissenschaft im deutschsprachigen Raum*. Darmstadt, 1981, pp.15~24, p.19.

러므로 연출가연극은 무대와 관객의 인식적 공유로서의 해석을 지향하는 동시대적 작업으로 출현했다. 현대연극이 이처럼 관객의 위치와 그 의미를 재발견하는 것은 예술의 가치를 시대적 가치로 옮겨놓는 데 기여한다. 그 결과, 연출가연극은 재의미화의 드라마투르기와 함께 발전한다. 리쉬비터는「드라마투르기의 역사적 관점(Aspekte zur Geschichte der Dramaturgie)」(1986)에서 독일 연출가연극과 드라마투르기의 관계를 다음과 같이 전한다.

> 1910년대 초 연출가연극 발전하에 연극 직업으로서의 드라마투르그가 발전한다. '드라마투르기'로 칭하는 작은 사무실이 곧 대부분 극장에 존재했다. 귄터 스코프니크(Günter Skopnik)에 따르면 1903년에 180개 극장에 47명의 드라마투르그가 있었고, 1966년에는 173개 극장 수보다 많은 197명의 드라마투르그가 있었다. 슐츠 라임펠(Schulz-Reimpell)은 1978년에 공립극장과 사설극장에 272명의 드라마투르그가 있다고 했다. 그 수는 계속 증가했다.[88]

현대연극의 연극에 대한 새로운 정의와 이해는 동시대적인 새로운 관점들에서의 질문을 고전 작품들에서도 유효하게 했고, 이는 당대에 활성화되는 현재적인 해석을 끌어냈다. 그러므로 재의미화의 드라마투르기는 원작 분석을 토대로 동시대적인 비평적 시각에 따른 원작

---

88 Henning Rischbieter, "Aspekte zur Geschichte der Dramaturgie", Dramaturgische Gesellschaft(Hg.), *Deutsche Dramaturgie — als Beispiel?*, Berlin: Dramaturgische Gesellschaft, 1986, pp.43~51, p.46.

과의 거리 두기에서 번안 및 변형, 개작의 텍스트 작업이 이루어진다. 연출가 라인하르트는 그의 성공적인 고전극 공연들을 통해서 오늘날의 고전극 공연의 방향을 제시했다.

> 우리는 고전 작가들을 새롭게 공연해야 한다. 마치 그들이 오늘의 작가이며 그들의 작품이 오늘의 삶인 것처럼 그렇게 공연해야 한다. […] 우리는 그들을 우리 시대의 정신에서 이해해야만 하고, 오늘의 연극적 수단과 우리 연기예술의 최상의 성과로 공연해야만 한다.[89]

연출가연극의 동시대적 관점에 따른 해석은 앞서 3절에서 언급한 니체의 관점주의적 해석과 통한다. 니체에 따르면, 새로운 관점은 새로운 해석과 가치를 창조한다. 그는 또 관점주의적인 새로운 해석과 새로운 가치 창조는 현시대의 좁은 관점과 가치를 극복하게 되고, 삶의 고양을 가져온다고 주장했다.[90] 이를 연출가연극에 적용해보면, 연출가연극의 동시대적 새로운 해석은 연출가와 관객이 거하는 시대와 공동체의 현실을 파악하고, 그러한 문제 발견을 통해서 개인과 공동체의 필수적 삶의 조건과 삶을 더 고양하려는 데에 그 목표와 가치를 지닌다고 할 수 있다.

---

89 Leonhard M. Fiedler, op.cit., p.75 재인용.

90 이상엽, 앞의 글, 124쪽.

제4장

고전 드라마의 재의미화

고전 드라마의 재의미화

1. 미학적 접근 : 라인하르트의 공연 〈파우스트 I〉

(잘츠부르크, 1933)

연출가의 연극미학

연출가 막스 라인하르트(Max Reinhardt, 1873~1943)는 1902년 소극장 카바레 '소리와 연기(Schall und Rauch)'를 개관할 때부터 종래의 극장과는 다른, 무대와 객석을 통합하는 공간을 구상했다. 그 공간은 무대와 객석의 분리가 없고, 배우와 관객이 각기 연극 속 역할을 담당하며, 서로 뒤섞이는 공간 창출에 있었다.

> 내가 극장에서 일한 이래로 특별한 생각이 나를 쫓았고, 마침내 나를 이끌었다. (그것은) 가능한 한 밀접하게 서로 인접하도록 배우들과

관객들을 함께하도록 하는 것(이다)[1].

이처럼 그는 이미 배우와 관객을 가능한 한 가까이 곁에 두는 축제 극장을 계획하고 설계했다. 베를린 도이치극장장 오토 브람의 초대로 배우로서 오스트리아의 잘츠부르크에서 베를린으로 건너왔던 그가 도이치극장을 인수하면서 동시에 다양한 규모의 극장을 건축했다. 20 개가 넘는 극장을 재건축하거나 새로 지었으며, 작품 해석에 따라 극장과 무대를 새롭게 했다. 그는 연극의 원래 모습을 그리스인들의 축제적인 연극에 있다고 믿었다.

> 일상에서 벗어나, 빛과 신성의 집, 그리스인들의 정신 안에 […] 원형극장(Amphitheater)의 형태 안에, 커튼 없이, 무대 없이, 아마도 더욱이 장치 없이, 오직 인간성의 순수한 효과로만 […] 세워져, 관객 가운데 배우를, 그리고 관객 스스로, 민중이 되고, 그 안에 함께 하며, 스스로 행동의 부분, 작품의 (부분)[2]

오토 브람은 독일에 전문적으로 자연주의 연극을 공연을 통해 소개했다. 그러나 라인하르트는 배우로 일하면서 자연주의 연극은 삶의 일상적인 고난을 다시 무대 위에서 재생하므로 관객에게 즐거움을 주지 못한다고 생각했다. 관객에게 즐거움을 주는 연극이 되기 위해서

---

1   E. Fischer-Lichte, op.cit., p.266 재인용.

2   ibid., p.275 재인용.

는 매일 일어나는 일상성을 벗어난 "삶의 축제"여야 한다는 것이다.
그의 연극 이상은 그 실현에 있었다.

> 내가 구상하는 것은 사람들에게 다시 즐거움을 주는 연극이다. 그
> 들을 자신의 암담한 일상적 비참함에서 아름다움의 명랑하고 순수한
> 분위기 속으로 끌어내는 연극 말이다. 극장에서 언제나 자신의 곤궁
> 을 다시 만나는 것에 사람들은 싫증이 났으며 그들이 더 밝은 색채와
> 고양된 삶을 동경하고 있는 것을 나는 느낀다. […] 그러면 나는 고전
> 작가를 공연할 것이다. 고전 작가들로부터 새로운 삶이 무대 위로 나
> 올 것이다. 색깔과 음악과 위대성과 호화로움과 명랑성이.[3]

라인하르트는 고대 그리스, 셰익스피어, 괴테와 실러, 코메디아 델
아르테, 몰리에르 등 고전 작가들의 드라마를 복권시켰고, "19세기에
는 낡고 진부하여 소홀히 여겼던 셰익스피어의 희극들"[4]도 그의 레퍼
토리로 소환했다. 무엇보다 그는 고전 극작가의 생명력을 복구시키
되, 고전 작품을 그 성전으로부터 자유로이 해방한 연출가였다. 이로
써 배우는 판에 박힌 역할 클리셰(Cliché)로부터 벗어났고, 무대와 연극
작업은 각 작품의 해석에 따라 그 성격에 맞게 설계되었다.

---

3 이원양, 앞의 책, 200쪽 재인용.
4 Henning Rischbieter, op.cit., p.45.

민중연극 〈파우스트〉

① 잘츠부르크의 축제극

1893년 잘츠부르크 시립극장에서 배우로 출발한 라인하르트는 1918년 레오폴즈크론성(Schloss Leopoldskron)을 인수한 이래 매년 여름을 잘츠부르크에서 지냈다. 그 가운데 그는 오스트리아 작가인 호프만스탈과 함께 잘츠부르크 축제연극(Festspiel)을 계획하고 구상했다. 1920년 8월 22일 성당 광장에서 라인하르트의 연출로 호프만스탈의 〈누구나(Jedermann)〉 공연이 올라감으로써 잘츠부르크 축제연극은 그 첫 출발을 알렸다.

축제연극 이념은 그들의 대담에서 생성되고 일치되었는데, 그 이념은 잘츠부르크 도시가 지닌 아름다움과 그 효력에 근거했다.

> 여기, 눈이 어느 곳을 바라보든 행복해진다. 모든 시각이 선택된 조화를 만나고, 도시 전체가 그 내적인 실재를 미로써 공표한다. 여기가 축제극을 거행하는 합당한 곳이다. 모든 장소, 모든 거리, 처음부터 연극을 위한 무대로 만들어진 것처럼 보인다. 잘츠부르크의 분위기는 아름다움과 유희, 예술이 관통한다.[5]

---

5 "Festliche Spiele. Ein Gespräch mit Max Reinhardt", Erwin Kerber(Hrsg), *Ewiges Theater. Salzburg und seine Festspiele*, München, 1935, p.51.

② 민중연극

잘츠부르크의 축제극 이념 아래 괴테의 〈파우스트〉는 "오스트리아 알프스 지방의, 특별한 옛 잘츠부르크의 민중연극(Volksschauspiel) 양식"[6] 공연으로 의도되었다. 〈파우스트〉가 대중에게 가까이 가는 대중적인 공연이 되기 위해서 라인하르트는 잘츠부르크의 역사적 인물인 의사이자 철학자인 파라켈수스(Paracelsus, 1493~1541)를 작품 〈파우스트〉의 중심에 두었다.

> 잘츠부르크 파우스트 공연은 처음부터 파라켈수스를 떠올렸다. 왜냐하면 괴테의 극작이 파라켈수스의 실제와 관련된 것이 명백했기 때문이다.[7]

더욱이 라인하르트와 잘츠부르크 축제극 창립을 함께 이끈 호프만스탈은 지식층 연극과 민중연극의 분리를 피했다. "민중 개념을 영혼

---

6 "Aus einem Gespräch mit Dr. Bernhard Paumgartner", Neues Wiener Jounal, 1933, *Maske und Kothurn*, 16. Jg., Wien–Köln–Graz, 1970, p.128 재인용.

7 Franz Hadamowsky, *Reinhardt und Salzburg*, Salzburg, o.J., p.89.
괴테는 파우스트 전설과는 달리 파우스트에게 파라켈수스를 투영했다. 그리하여 파우스트를 전설처럼 농부 아들이 아닌 (민중의 시각에서 그레트헨이 묘사하는) 고귀한 독일 가문의 아들로 바꾸었고, 전설의 향락주의자를 지식 탐구자인 극인물로 변형했다. 바처러(Agnes Bartscherer)는 괴테가 파우스트에게 파라켈수스의 "성실", "진리 사랑", "독일 성향", "종교적 관용"을 주었다고 전한다.

에 가진 자라면, 이 분리는 뒤로 물러난다." 호프만스탈은 작품 〈파우스트〉가 지식층에게 어려운 작품으로 간주되는데, 그것은 오류이며, 오히려 이 고전이 "최상의 지식층과 같이 순박한 관객을 동일하게 사로잡기 위한 […] 모든 연극 중의 연극"이라고 하였다.[8] 그러니까 호프만스탈에 의하면 고전 〈파우스트〉는 대중적인 희곡이며, 민중연극이라는 것이다.

연극사는 지식층을 위한 연극과 민중을 위한 연극이라는 사회적 분리로 각인되어왔다. 이에 대해 괴테는 "[…] 두 건축가가 대립하여 서 있었다. 하나는 민중극장을, 다른 하나는 완벽한 궁정극장을 세우려고 했다."고 언급하며, 민중극장과 궁정극장의 관계를 대립으로 보았다. 그것은 전자의 관객이 시민층에서 도시 하층민까지 포괄하며 제한적이지 않았으나, 후자의 관객은 상위층에 속하는 지식층으로 배타적이었기 때문이다.

독일어 'Volk'는 민중 또는 민족으로 번역된다. 그 개념은 지리적으로 내적으로 공통성을 가지며 그것을 통해 서로 연결되었다고 느끼는 하나의 공동체로 이해된다. 한 공동체의 문화적·종교적·언어적 고유성은 다른 공동체와 구별되는 민족성을 낳는다. 민중연극(Volksschauspiel)은 한 공동체의 고유성에 그 뿌리가 있어 특정 공동체와 연결되고, 민족적이고 지역적인 특수성을 갖는다. 그러므로 이러한

---

8   Hugo von Hofmannsthal, *Festspiele in Salzburg*, Wien, 1952, p.29.

민중연극은 다음과 같은 축제극의 본질적인 것에 상응했다.

> 잘츠부르크의 내적, 외적 실재에 유기적으로 접합하는 작품들을
> 발견하는 것, 그리고 작품들을 이 유일한 도시의 분위기 안에서 창작
> 하고, 그리하여 작품들이 도시와 함께 자연스럽게 성장한다.[9]

③ 야외극장과 동시 무대

라인하르트의 〈파우스트〉는 괴테의 고전을 축제극으로 도시 잘츠
부르크에 이식시키며 파라켈수스를 내세운 민중연극으로 대중화하려
는 공연이었다. 그 이유를 라인하르트는 다음과 같이 설명했다.

> 파우스트적인 인간과 모든 것을 포용하려는 그(파우스트)의 노력
> 은 우리에게 낯설게 되었다. 사람들은 그에 대해서 거의 모른다. 우
> 리는 그를 관객에게 가능한 한 가까이 가게 해야 했다. 대중에게 그가
> 이해되도록 만들어야 한다.[10]

잘츠부르크 관객에게 괴테의 고전이 다가갈 수 있는 무대는 "오직
자연 그대로의 공연을 통해서 가능"하며, "극장의 기계장치 — 막, 장
면 전환 그리고 휴식들은 환상을 방해"한다고 연출가 라인하르트는
생각했다.[11] 그러므로 그는 사실주의 · 자연주의 연극의 액자 무대를

---

9   *Maske und Kothurn*, p.108.
10   "Festliche Spiele. Ein Gespräch mit Max Reinhardt", p.53.
11   ibid.

벗어나 잘츠부르크의 풍광과 연계되는 야외극장과 동시 무대로 도시 풍경을 따라 만들어진 "파우스트 도시(Fauststadt)"를 설계했다.

〈파우스트〉 무대는 오스트리아의 건축가 홀츠마이스터(Clemens Holzmeister, 1886~1983)의 협력으로 1693년에 수도사산(Mönchsberg) 기슭을 깎아 조성된 암석 승마학교(Felsenreitschule)에서 자연 그대로를 활용하여, 극 공간을 위로는 여러 층으로, 옆으로는 병렬적인 동시 무대를 만들었다. 암석 승마학교의 자연 무대에서 가장 최상층은 천상의 서곡과 발푸르기스밤의 극 장소였다. 천상의 서곡에서 세 천사가 나타났고, 발푸르기스밤에는 마녀들이 산을 탔다. 부활절 산책에서 민중이 나서는 성문에는 "잘츠부르크 대주교의 영주 문장"이 있었고, 그레트헨의 집은 "티롤(오스트리아의 알프스 지방)과 잘츠부르크식의 건축양식"으로 세워졌다.[12] 이처럼 '파우스트 도시'는 잘츠부르크의 실제적 전망이 드러났고, 민속적인 것이 시도되었다. 라인하르트는 관객이 무대 위 모든 사건을 실제로 느낄 수 있게 하기 위해서 완벽한 환상을 창출하는, 자연에 어우러진 공연을 의도했다.

그러나 잘츠부르크의 '파우스트 도시'는 축제극 이념에 조응함으로써 민중과 연계된 지역적인 무대는 얻었으나, 반면에 라인하르트의 〈파우스트〉 무대는 작품 고유의 상징성을 잃게 되었다.

---

12 Wilfried Passow, "Raumgestaltung und Raumregie in Max Reinhardts Inszenierungen von "Faust I"", *Etudes Germaniques*, 29. Jhg., Nr.1, 1974, p.9.

잘츠부르크의 '파우스트 도시'는 […] 더 이상 고딕적인 도시가 아니며 […] 동시에 중세 독일을 상징적으로 묘사할 수 없었다. 그 좁은 데서 파우스트는 자유로운 정신세계로 나아가고자 노력한다(2부에서). 그것과 함께 무대는 적어도 부분적으로 무대의 상징적인 표현의 성격을 잃었다.[13]

④ 그레트헨의 비극과 민중적 인물들

'파우스트 도시'가 "무대의 상징적인 표현의 성격"을 잃게 된 데에는 라인하르트가 인물 파우스트를 파라켈수스라는 역사적인 실례를 따라 구상하고 실현했기 때문이다. 그 덕분에 라인하르트의 〈파우스트〉는 파우스트의 철학적인 근본 사상을 이해하는 관객보다는 오히려 민중적이고 지역적이며, 인간적인 작품으로 활성화하는 것에서 관객을 얻었다.[14]

라인하르트는 자연으로 구축된 '파우스트 도시'를 통해서 시민적인 환경을 묘사하는 것에 성공했는데, 그는 프롤로그를 시작하기 전에 소도시의 분위기를 연출했다. 연출 노트에 그는 다음과 같이 썼다.

저녁이 된다. 도시는 잠든다. 창문엔 빛이 환하고, 종소리. 우물가에 처녀들. 노래. 야경원. 개 짖는 소리. 인간적인 목소리들이 노래한

---

13 ibid., p.14.

14 Silvil d'Amico, ""Faust", das Liebesdrama", Max Kaindl–Hönig(Hrsg.), *Resonanz. 50 Jahre Kritik der Salzburger Festspiele*, Salzburg 1971, p.93.

다. 호각. 술집에서 떠들며 나와 비틀거리며 집으로 가는 학생들. 한 여성의 목소리. 창문, 문들이 닫힌다. 쇠사슬. 빗장. 불빛이 점차 사라진다.[15]

　민중적인 일상의 삶을 강조하려는 라인하르트는 그레트헨의 드라마에 중점을 두었는데, 한 평론은 공연을 "사랑 드라마(Liebesdrama)"[16]로 간주했다. 그레트헨의 비극에 초점을 맞춘 라인하르트의 연출은 의도적으로 공연의 전반부를 '마녀의 주방' 까지로 하고 휴식을 주었다. 이는 '마녀의 주방' 이 노년의 파우스트를 청년으로 변화시키면서 그레트헨의 비극을 준비하는 장이기 때문이다. 공연 후반부의 시작은 파우스트와 그레트헨이 만나는 길거리 장면이며, 더욱이 라인하르트는 그레트헨을 부각하기 위해 파우스트를 그레트헨의 드라마에서 짧게 등장시켰다. 공연은 파우스트의 도입부 독백과 특히 부활절 산책에서의 긴 대사를 많이 생략했는데, 이에 대해 빈(Wien)의 언론은 비판적이었다.

　　괴테는 표어들만 주었다. 그래서 파우스트 창작의 모든 사상은 당혹에 빠졌다. [⋯] 생략, 생략! 파우스트는 대우주의 기호를 바라볼 시간이 없다.[17]

15　Max Reinhardt, *Schriften, Briefe, Reden, Aufsätze, Interwiews, Gespräche, Auszüge aus Regiebüchern*. Hrsg. v. Hugo Fetting, Berlin, 1974, p.288.

16　Silvil d' Amico는 글의 제목을 '파우스트, 사랑 드라마("Faust", das Liebesdrama)' 로 붙였다.

17　*Wiener Neueste Nachrichten*, 20. August 1933. Maske und Kothurn, p.136 재인용.

이렇게 그레트헨의 비극이 강조되는 '파우스트 도시'는 괴테가 쓴 것과 같이 "고딕식도 아니고, 좁지도 않은", 무엇보다 "그레트헨의 도시" 였으며, 그녀의 삶의 공간을 묘사했다.[18] 라인하르트는 괴테의 〈파우스트〉를 대중화하려는 목적에서 그레트헨의 비극을 강조하고, "창작의 의미와 본질을 시각적 구상으로 중개"[19]함으로써 괴테의 근본 사상을 지웠다.

라인하르트는 파라켈수스와 동일시된 파우스트가 청년으로 변화한 이후 사랑꾼의 모습이 아닌 학자의 모습을 이어가며 진리를 사랑하는 모습으로 구상하였다. 그래서 파우스트에게 그레트헨이 그의 첫사랑이며, 그녀만큼이나 순수하고 경험 없는 성격을 부여했다. 그레트헨은 소박함과 함께 자유로운 잘츠부르크의 민중의 아이로 땋아 늘인 머리나 물레가 없는 소시민적인 소녀였다. 라인하르트는 자신의 베를린 공연에서 궁중 신사였던 메피스토를 잘츠부르크 공연에서는 어릿광대(Hanswurst) 같은 익살맞은 희극적 인물로 형상화했다. 즉 '고전적인 형상으로부터 자유롭게, 민중적이고 이해 가능하며 친밀한 악마'를 만들었다.[20]

도시 경관과 역사, 음악, 의상이 〈파우스트〉 공연에 이입되면서 라

18   Wilfried Passow, "Fausrt-Blätter", *Archiv-Nachrichten*, 1973, p.784.

19   *Maske und Kothurn*, p.119 재인용.

20   *Wiener Zeitung*, 1933.8.23.

인하르트는 괴테의 고전을 잘츠부르크의 〈파우스트〉로 만들었고, 시민들이 공연에 합창, 연주, 보조역 등으로 참여하는 민중연극으로 끌어내었다. 동시에 잘츠부르크 시민들을 사로잡은 잘츠부르크의 축제극을 실현했다.

> 축제극 […] 그것은 우리가 잘츠부르크에서 찾고 만들고자 하는 것을 완전하게 표현한다. 우리가 우리 극장에게 주려고 하는 것은 축제와 유희다. […] 진정한 축제는 큰 도시에서 가슴으로 거행할 수 없다. […] 여기가 축제극을 거행하는 진정한 장소다.[21]

2. 정치적 접근: 브레히트의 텍스트 〈코리올란〉[22](1952)

예술의 효용성과 고전의 가치

① 예술의 현실적 효용성

베르톨트 브레히트(Bertolt Brecht, 1898~1956)가 활동한 시기는 제1

---

21   "Festliche Spiele. Ein Gespräch mit Max Reinhardt", p.51.

22   브레히트의 텍스트 제목은 〈코리올라누스〉였다. 그의 사후 주르캄프출판사 사장 지크프리트 운젤트가 셰익스피어의 〈코리올레이너스〉(1608)와 구별하기 위해 작품명을 〈코리올란(Coriolan)〉으로 제안하여 브레히트 생전 공동 작업자의 동의 아래 제목 〈코리올란〉으로 출판했다. 이 장에서 필자는 셰익스피어의 주인공은 코리올레이너스로, 브레히트의 주인공은 코리올란으로 기술한다.

차 세계대전(1914~1918)과 세계 경제공황, 경제적·사회적·정치적 대립이 첨예화한 독일의 바이마르 공화국(1919~1933)과 나치 점령기(1933~1945), 그리고 동서로 분단된 혼란기의 독일이었다. 그는 1913년 학교 교지(校紙)에 희곡 〈성경〉을 발표하며 극작과 연극 활동을 시작했다. 그의 경향은 주관주의와 허무주의, 무정부주의였으나 1926년 마르크스주의와의 만남에서 전환점을 갖게 되었고, 이후 그는 연극 작품과 이론으로서 서사극과 교육극을 발전시켰다. 독일 경제학자 마르크스(Karl Marx, 1818~1883)는 물질적인 관계들이 인간을 이끌어가며, 인류의 전(全) 역사는 계급투쟁의 역사라고 하였다. 그러므로 그는 자본가 계급이 노동자 계급을 착취하는 자본주의 사회에서 노동 해방과 사회주의 혁명을 주장했다. 브레히트는 마르크스와 그의 주의를 "시민들을 그들의 자리에 있도록 지켜준 관념론자들의 문화와 윤리를 전복시켜줄 수 있는 유물론자로, 그리고 과학적 방법으로 바라보았다."[23]

자본주의와 함께 발전한 시민사회의 폐해와 그 모순에 비판적이었던 브레히트는 시대적 혼란기에 총체적인 정신적 전환과 새로운 사회 질서가 필요하며, 예술가들도 시대 상황에 대한 책임을 회피할 수 없고, 상황을 변화시켜야 하는 의무로부터 면제될 수 없다고 보았다. 그러므로 그는 시민사회에서 사회주의 사회로 넘어가는 과도기에 시민

---

23 Eugene Lunn, *Marxism and Modernism*, University of California Press, 1982, p.113.

사회의 이데올로기를 약화시키며, 동시대의 정신과 생활양식의 전환에 효율적으로 유용한 문학과 연극을 주장했다. 그에게 있어서 예술의 가치는 현실에 기여하는 직접적 효용성에 있었다.

이를 위해 이러한 시대 상황에 부합하는 새로운 연극 양식이 필요했는데, 그것을 그는 비아리스토텔레스적인 연극, 곧 서사극이라고 했다. 이 새로운 연극 양식은 타성에 젖어 무비판으로 받아들여진 시민사회의 은폐된 모순을 관객에게 드러내고, 새로운 인식을 중개하는데 그 목적이 있었다. 그가 이렇게 새로운 연극 양식을 주장한 것은 종래의 아리스토텔레스적 연극이 관객에게 긍정적인 인물이나 사건에 감정이입을 하게 함으로써 몰입과 감동만을 주었을 뿐이기 때문이다.

> 무대와 관객 사이의 교통이 감정이입의 기초 위에 이루어졌다면, 관객은 그때마다 자신이 감정이입한 영웅(주인공)이 본 만큼만 볼 수 있었다. 그리고 관객은 무대의 특정 상황에 대해서 무대 위 '분위기'가 그에게 허락하는 그와 같은 감정적 움직임만을 가질 수 있었다. 관객의 지각, 감정, 그리고 통찰은 무대 위에서 행동하는 인물들의 그것에 동일하게 지배되었다. 무대는 무대 위에서 연상적으로 표현되지 않은 정서적 움직임을 생산하거나, 지각을 허용하고, 통찰을 중개할 수가 거의 없다.[24]

---

24 Bertolt Brecht, *Gesammelte Werke* in 20 Bänden. Hg. v. Suhrkamp Verlag in Zusammenarbeit mit Elisabeth Hauptmann, Frankfurt a. Main, 1967, Bd. 15, p.299.

그러므로 새로운 연극 양식은 무대와 관객과의 거리 두기에서 오는 소외효과(Verfremdungseffekt)를 목표로 한다. 브레히트에 의하면 "사건 또는 성격을 소외한다는 것은 [⋯] 사건이나 성격에서 자명한 것, 알려진 것, 명백한 것을 제거하고 그에 관해서 놀라움과 호기심을 갖게 하는 것"이다.[25] 이러한 소외가 발생했을 때, 관객은 무대 위 인물과 삶, 사건에 대해 비판이 가능해진다. 비판은 "인간의 위대한 특성"이며, "대부분 부를 만들었고, 삶을 가장 잘 개선"했기에[26], 새로운 연극 양식은 "관객이 묘사되는 사건에 탐구적이며 비판적인 태도를 갖도록"[27] 해야 한다. 그의 서사극은 과학과 학문의 시대에 부응하는 관객의 관극 태도를 바꾸는 것이다. 연극은 이제 배우의 예술에서 관객의 예술, 즉 관객이 관찰하며 "보는 예술(Zuschaukunst)"[28]이 된다.

서사극의 궁극적인 목적은 사회변혁이었다. "연극은 세상을 해석하는 것만이 아니라 그것을 변화시켜야 하는 것이 중요하다"[29]. 그러므로 사회변혁 수단으로서의 서사극에서 중요한 것은 "관객의 감정이 아닌 이성에 호소"하는 것이며, "관객이 경험이 아닌 토론하는" 것이

---

25 ibid.(GW. 15), pp.301~302.
26 GW. 16, p.567.
27 GW. 15, p.341.
28 ibid., p.391.
29 GW. 16, p.815.

다.[30] 연극은 자신의 기능을 전환해야 하므로 텍스트, 배우, 연기, 관객을 포함해서 연극 전체가 개조되어야 한다. 이처럼 그의 서사극은 사회주의 건설을 위해 사회적 실천이 되는 현실적인 효용성에 그 목적을 두었다.

② 고전, 동시대적 과제를 위한 자료로서의 가치

연극이 사회적 실천, 곧 생산적인 삶의 활동이 되기 위해서는 연극에서 관객은 중요한 비중을 차지한다. "연극이 더 많은 사람들의 더 많은 이해를 만족시키면 시킬수록 보다 더 흥미로워진다는 것"[31]이 브레히트의 명제이므로, 극장은 "정말 대중에 의해 이용되어야"[32] 하며, 관객이 현실을 관찰할 수 있도록 "현실을 보여줄 수 있는 연극"[33]이어야 한다. 동시에 관객의 흥미와 즐거움을 유발해야 한다. 그런 연극의 목표에서 브레히트는 고전 작품 또한 동시대적 과제를 활성화할 수

---

30 GW. 15, p.132.

31 『브레히트의 연극이론』, 송윤섭 외 역, 연극과인간, 2005, 367쪽.

32 R. Steinweg. "Das Lehrstück—ein Modell des sozialistischen Theaters", 이정준, 「연작 드라마로서 교육극—그 본질과 내용, 서사극의 재발견」, 해사이상일교수 정년기념논문집간행위원회, 『서사극의 재발견』, 집문당, 1998, 97~117쪽, 103쪽 재인용.

33 심재민, 「소포클레스의 〈안티고네(Antigone)〉와 브레히트의 〈안티고네 모델 1948년(Antigonemodell 1948)〉 연구 : 전통비극의 공연방식과 브레히트의 개작방식」, 『브레히트와 현대연극』 11, 한국브레히트학회, 2003, 38~63쪽, 38쪽.

있는 자료로서 그 가치를 인정했다. 그는 셰익스피어 비극이 "봉건주의자들의 몰락"을 그리고 있으며, 그 "인물들은 새로운 시대에 존재했으나, 그 새로운 시대를 받아들이지 못해 좌초한 인물"들로 보았다. 그리고 이러한 '거대한 지배계급의 몰락보다 더 다양하고, 중요하며 흥미로운 것이 있겠느냐'고 생각했다.[34]

고전 〈코리올레이너스(coriolanus)〉(1608) 역시 셰익스피어가 지배계급인 코리올레이너스의 몰락을 그렸다. 브레히트의 개작은 1952년 말 초고를 끝냈으나 완성된 작품은 아니었다. 원작의 1막 4~10장의 전투 장면을 요약 정리하려고 한 1막 3장은 공연시 연습 과정을 통해 완성할 계획이었다. 그러나 1953년 중반, '베를린 앙상블'[35]의 공연 레퍼토리에 넣으려고 했으나 이를 실현하지 못했다. 초연은 1962년 프랑크푸르트에서 이루어졌다.

셰익스피어의 〈코리올레이너스〉는 영웅에 관한 비극적 이야기다. 브레히트는 이 영웅 비극에 대한 자신의 개작 의도를 다음과 같이 전한다. 셰익스피어의 비극은 관객이 영웅에게 감정이입을 함으로써 비극적 즐거움을 얻으나, "풍부한 즐거움에 도달하기 위해서는. 적어도 우리는 코리올란의 비극 밖에 있는 로마의 비극, 특히 민중의 비극 역

---

34 『브레히트의 연극이론』, 314~315쪽.
35 '베를린 앙상블'은 브레히트의 전문 극단으로 1949년에 설립되었다.

시 경험해야만 한다."[36] 이렇게 영웅으로서의 개인비극 너머에 있는 사회비극에 초점을 맞추는 것은 "이야기에서 가장 중요한 것"이 "이야기의 참뜻, 즉 이야기의 사회적 요점들"[37]이라는 것이다. 브레히트가 이 작품을 공연하려고 했던 1953년에 마침 베를린 노동자들의 봉기가 일어났는데, 이러한 시대적 상황에서 셰익스피어의 고전 〈코리올레이너스〉는 정치적인 현실문제 제시를 위한 자료로서 그 가치와 의미를 지녔다.

원작과는 다른 관점에 있는 브레히트의 개작은 관점의 변화에도 원작의 인물들과 이야기를 그대로 유지하고 있는데, 그는 그 이유를 셰익스피어의 작품이 역사극이라는 점에서 설명했다.

> 특정한 역사적 인물은 극 중에 꼭 등장해야만 했다. 그렇지 않으면 사람들이 그 인물을 찾을 터이기 때문이다. 또 특정한 사건 또한 같은 '외부적' 이유로 인해 반드시 일어나야만 했다.[38]

코리올라이 전장에서 승리하여 코리올레이너스라는 칭호를 얻게 되는 로마의 귀족 마르키우스(Gnaeus Marcius Coriolanus, B.C. 527?~B.C. 488?)는 외부의 침입에 불굴의 용맹으로 로마를 보호하고 지켜내는 전

---

36 B. Brecht. "Zu 《Coriolan》 von Shakespeare". GW. 17, p.1252.

37 『브레히트의 연극이론』, 190쪽.

38 위의 책, 314쪽.

쟁영웅이다. 그러나 아이러니하게도 '그가 보여주는 오만의 비극은 로마 사회를 똑같이 몰락에 가까이 가게'[39] 하므로 브레히트는 영웅 코리올란을 사회에 직접 관계되는 관점에서 조명하고자 했다. 관객은 코리올란에게 "'부여된 존재 조건'이 아니라 그의 행동을 연구해야"[40] 한다. 이를 위해 연극은 사회라는 공동체에서 인간들이 지닌 특정한 행동 양식과 태도, 언어를 무대화함으로써 관객이 이것들을 인식하고 비판하게 해야 한다는 것이다.

정치연극 〈코리올란〉

① "대체 불가능성에 대한 믿음의 비극"

셰익스피어의 〈코리올레이너스〉는 정치적 현실을 다룬 정치극이다. 작품은 외적으로 로마와 볼스키 간의 대립과 전쟁을 그리고 있어서 로마 영웅 코리올레이너스와 볼스키 지도자 오피디우스 간의 개인적인 갈등과 경쟁이 있고, 로마 내적으로는 귀족과 민중 간의 갈등, 계층 간의 대립이 있다. 이 내부 갈등은 구체적으로 볼스키를 정복한 코리올레이너스와 평민을 조정하고 대변하는 호민관의 충돌로 나타난다.

---

39 위의 책, 367쪽.
40 위의 책, 312쪽 재인용.

코리올레이너스의 최고의 가치와 장점은 용맹성이다. 그러나 그에게는 또 지나친 명예욕과 자만심이 있다. 로마의 초기 공화제를 실질적으로 주도하는 것은 귀족과 민중, 두 정치세력인데, 그는 민중을 경멸하고 그들을 대표하는 호민관 제도를 허락한 원로원을 비판한다. 원로원이 그를 실질적으로 로마 사회의 통치권을 갖는 집정관으로 추대했을 때, 오히려 그의 비극이 시작된다. 그는 집정관 임명에 투표권을 소유하고 있는 민중 앞에 "겸손의 넝마 옷(a gown of humility)"으로 나서나 겸손을 가장하지는 못한다. 그것은 그 자신을 속이는 위선일 뿐이다. 그런 그에게 자신의 소신에 부합하지 않는 현실적인 타협은 없다. 귀족과 민중의 세력 균형과 상호 권력의 공유라는 공화정의 이념에서 보면 이러한 코리올레이너스의 태도는 공화정 체제에 중대한 위협이 된다. 호민관들은 이를 빌미로 그를 "반역자"로 낙인찍게 되고, 이것은 로마 공화정 체제의 정치적 균형에서 정치권력의 축을 호민관에게로 이동시킨다. 그 결과, 원로원은 코리올레이너스를 로마 사회로부터 영원히 추방해야 한다는 호민관들의 주장을 수용하게 된다.

셰익스피어는 이 작품에서 다른 인물이 주인공에게 상응할 수 없도록, 영웅의 주변에 부행동을 두지 않는다.[41] 그만큼 영웅 코리올레이

---

41 주인공에게 상응하는 극인물의 예로 〈햄릿〉에서는 햄릿처럼 아버지의 복수를 행하는 포틴브라스와 레어티즈가 있고, 〈리어 왕〉에서는 자식에게 버림받는 리어 왕과 클로스터 백작이 있다.

너스는 인간적 거리를 갖게 하는, 철저히 다름을 보여주는 존재다. 그는 자신이 속한 귀족사회와 일족에게 개인으로 대립한다. 그러니까 그를 둘러싼 세상과의 모든 대화가 그에게는 대결이다. 대담하고, 모든 위선으로부터 자유로우나, 그는 거칠고 절제에는 무능력하다. 그는 로마와 볼스키와의 전쟁에서, 내부로는 원로원과 민중 사이에서도 타협이 없다.

브레히트에게 "위대한 개인이란 다른 어떤 사람으로도 대체될 수 없는 유일무이한 존재라고 하는 가상"이다. 비극은 오랫동안 이 대주제를 보여주었다. 셰익스피어의 고전 〈코리올레이너스〉 또한 "대체할 수 없는 한 위대한 남자의 비극"이다. 그러나 브레히트는 이 위대한 "개인의 비극이 대체 불가능성에 대한 믿음의 비극"이 되도록 의도했다. 그 목적은 "대체 불가능성에 대한 믿음은 개인을 멸망시키게 되지만 민중까지 멸망시키지 않는다는 점"을 드러내는 것에 있었다. 개인이 대체 불가능성으로 사회를 위협할 때, 사회는 개인으로부터 스스로를 해방하며 수호해야만 하는 것이다.[42]

> 즉 영웅이 자신을 대체할 수 없다는 믿음. 이 믿음에 사회는 몰락을 모험하는 것 없이 굴복할 수 없다. 이것이 사회를 영웅과 위반할 수 없는 대립으로 세운다. 연극 방식은 사회에게 그것을 허락해야 한

---

42 한국브레히트학회 편, 『브레히트의 연극세계』, 열음사, 2001, 452~453쪽.

다, 정말 압박해야 한다.[43]

이렇게 브레히트는 셰익스피어처럼 전승된 소재[44]에 충실하면서도 당대의 시의성이 있는 관점에서 새로운 강조점을 찾아 원작을 변형했다.

② 성숙한 민중으로

셰익스피어의 주인공 코리올레이너스는 전쟁에 관한 한 세상에서 유일무이한 존재다. 원작의 주인공이 민중을 무시하고 멸시하며, 집정관 인준을 위해 그들에게 아첨하지 않는 모습은 그의 자만과 오만에도 있지만, 곧은 성품에도 연유한다. 반면에 그의 대척점에 있는 민중은 그를 집중관으로 인준했다가도 호민관들의 선동에 다시 번복하고, 그가 볼스키 군대를 이끌고 로마를 침공한다는 소식 앞에서는 그를 추방한 책임을 호민관에게 전가하는 비겁하고 변덕스러우며 무능한 무리로 묘사된다. 그기에 셰익스피어는 코리올레이너스가 민중을 대하는 태도에 타당성을 주면서 민중과 대비되는 주인공은 불변의 지조라는 가치와 고귀한 성품을 얻게 한다.

브레히트는 사회적으로 성숙하지 못한 셰익스피어의 부정적인 민

---

43 B. Brecht. "Zu Coriolan von Shakespeare". GW. 17, p.1253.

44 원작의 토대는 플루타르크의 〈영웅전〉(110~115 추정)이며, 코리올레이너스는 초기 로마 역사의 실증자료에는 없는 전설적 인물이다.

중을 성숙한 민중으로, 곧 로마시민으로서의 권리 — "당신은 로마시민이 아니오?"[45](I.1) — 를 인식하고 행동하는 생산적인 민중으로 바꾼다. 즉 "사회주의 관점에서 […] 영웅의 자리에 민중을 앉히고 싶은 것이다."[46]

개작의 첫 변형은 1막 1장에 나오는 "배와 사지" 비유의 위치 변화다. 굶주림에 폭동을 일으킨 민중들을 설득하려고 메네니우스는 "배와 사지"의 비유를 들어 전통적 가치관을 대변한다. 민중들에게 말하려는 메네니우스의 비유는 원로원이 위요, 사지가 민중이다. 즉 위가 있어야 사지가 움직일 수 있다는 것이다. 원작은 민중이 비유의 직접적인 의미를 듣고 난 후에 주인공 마르키우스를 홀로 등장시키고 있다면, 브레히트는 이 비유가 민중들에게 전해지기 바로 전에 주인공을 무장한 병사들과 함께 등장시킴으로써 원작과는 다른 효과를 만들어낸다. 원작에서 메네니우스가 웅변으로 민중을 설득하는 것이라면, 브레히트가 만드는 이러한 등장의 변화에서는 메네니우스가 귀족사회를 대표하는 마르키우스의 등장을 민중이 인지하지 못할 때, 홀로 인지하면서 민중에게 전하는 전통적 가치관은 바로 귀족사회가 힘으로 민중을 위협하는 것이 된다.

---

45 베르톨트 브레히트, 『코리올란』, 이재진 역, 지만지, 2019, 9쪽.
46 이재진, 「해설」. 위의 책, 183~206쪽, 187쪽.

메네니우스　　　저들이 나의 날카로운 입심으로 마음을 바꾸게 된 것은 아니고 둘러선 자네의 날카로운 칼날이 말을 했던 것이긴 하지만…[47]

그리고 메네니우스는 그 비유의 의미를 전한 후 민중을 하찮은 존재로 매도하면서 "이제 로마는 그런 군상을 데리고 전쟁을 치르게 될 것이다. 그 전쟁에 여러분의 미래가 걸려 있다."고 말한 다음에야 "여보게. 안녕하신가, 마르키우스!"라고 인사한다.[48] 이러한 변화는 민중의 미래가 바로 이 전쟁영웅 코리올란에게 달려 있다는 메네니우스의 위협적인 태도를 나타낸다. 브레히트는 민중이 이처럼 귀족사회에서 힘으로 억압받고 있다는 것을 확연하게 드러낸다.

볼스키의 로마 침공 소식에 마르키우스가 전쟁을 위해 민중을 필요로 하므로, 브레히트는 주인공이 민중을 원작의 "폭도"에서 "귀한 친구들(Teure Freunde)"(I.1)[49]이라고 바꾸어 칭하게 한다. 주인공이 민중을 멸시하는 태도에서 급전하여 새로운 호칭으로 부르는 이 변화는 민중이 오로지 로마 귀족사회의 권력 유지를 위한 이용물에 불과하다는 것을 브레히트가 역설적인 호칭을 통해 더 강조하는 것이다. 그리고 원작은 지문에서 마르키우스의 전쟁 참여 요구에 뒤꽁무니를 빼는 민

47　위의 책, 18쪽.

48　위의 책, 16쪽.

49　GW. 6, p.2406.

중을 보여주는데, 브레히트는 이 지문을 삭제한다.

이어지는 변형은 민중의 변화다. 그것은 2막 1장 첫 부분에 나오는 호민관의 성숙한 역사의식이다. 원작에 없는 두 호민관의 짧은 대화가 삽입되는데, 그 내용은 전쟁터의 어떤 소식이든 민중에게는 나쁜 소식이라는 것이다. 마르키우스가 승리하면 그가 지배자가 될 것이고, 볼스키인들이 승리하면 그들이 지배자가 될 것이어서, 전쟁에서 민중은 항상 그저 이용물이며 패배자일 뿐이기 때문이란다. 브레히트는 이 삽입 장면을 통해 민중의 대표자인 호민관의 깨어 있는 역사의식을 관객에게 전한다.

브레히트는 2막 3장에서도 원작과는 다른 호민관의 모습을 보여준다. 원작의 두 호민관은 과거의 곡물 무상 지급에 대한 코리올레이너스의 비난을 들추어내고, 그가 민중을 증오하고 경멸한다는 진실을 민중에게 말하도록 충동질한다. 그리고 코리올레이너스를 추방하는 데에 민중을 선동함으로써 집정관 승인 철회를 유도한다. 이처럼 원작의 그들은 모략꾼이다. 그런데 브레히트의 호민관 시키니우스는 '지금 막 항구에 들어온 코리올리성에서의 전리품인 곡물을 어찌하겠느냐'[50]는 질문으로 집정관이 되려는 주인공에게 당면한 현재 문제를 제시하고, 호민관 브루투스는 두 호민관이 로마를 귀족과 민중 간의 내부 전쟁으로 빠트린다고 비판하는 원로원에게 "누가 로마입니까?

---

50 『코리올란』, 89쪽.

당신들이 로마요? 아니면 시민들이?"[51]라고 질문한다. 그리고 브루투스는 코리올란을 로마의 독재자로 규정한다. "도시에서 시민을 모두 내쫓아버리려 든다, 모든 것을 독차지하려고!"[52] 이렇게 브레히트는 국가적 또는 사회적 주체의식이 있는 두 호민관을 통해 이에 대한 관객의 의식을 깨운다.

브레히트의 두 호민관은 민중을 대표할 뿐만 아니라 공동체를 이끄는 능력도 보여준다. 코리올란의 추방 후, 그가 볼스키군을 이끌고 로마를 침공하고 있다는 소식에 로마는 귀족, 민중 모두 공포에 휩싸인다. 원작의 민중은 두려움에 코리올레이너스를 추방한 것을 후회하지만, 브레히트는 원작의 두려워하는 호민관을 코리올란의 추방에 대하여 올바른 결정이라는 태도로 바꾸어주고, '로마에도 군대가 있으며 두려워할 만한 일이 생기면 보살필 것'[53](IV.3)이라는 말로 민중을 안심시킨다. 그리고 5막 1장에서도 브레히트의 호민관은 일관되게 변형된다. 코리올란에게 회군을 간청하러 떠났던 장군 코미니우스가 아무 성과 없이 돌아오자, 원작에서는 호민관의 간청으로 메네니우스가 주인공을 만나러 가지만, 브레히트는 메네니우스를 자의로 가게 하고, 호민관 브루투스는 코리올란에게 이미 굴복하고 있는 귀족들을 조롱

---

51 위의 책, 95쪽.
52 위의 책, 96쪽.
53 위의 책, 146쪽.

하면서 무기를 들자고 제안하도록 바꾸어놓는다.

③ 민중의 사회적 인식의 언어

브레히트는 민중의 국가적 · 사회적 인식이 전쟁영웅 코리올란보다 위에 있으며, 그들의 언어 또한 공적이며 논리적으로 묘사한다. 2막 3 장에서 시민 5는 정원사로서 자신의 사사로운 영역과 연계해서 로마를 읽는다. 즉 로마사회는 귀족과 민중이 함께 공존하는 공동체라는 것. 그러나 민중에게서 집정관의 인준을 바라는 코리올란은 민중의 이러한 인식을 깨닫지 못한다.

> **시민 5** 장군, 정원은 내게 이렇게 가르쳐줍니다, 꽃밭과 밭고랑으로 이
> 룩된 이 작은 제국은 말레토스의 고귀한 장미가 잘 자라게 해준
> 다고, 하지만 그 풍성한 자태 속에서도 움츠리게 마련입니다.
> 고귀한 장미도 점차 알게 될 테니 말입니다. 배추나 대파 같은
> 온갖 싸구려 채소들이 사실은 매우 유용한 놈으로 바짝 달라붙
> 어 함께 물을 빨아들인다는 사실 말입니다.
> **코리올란** 무슨 뜻으로 하는 말이오? 표를 가진 분?
> **시민 5** 정원은 황폐해질 거라고 생각했어도 그리 된 것은 왕궁의 그 고
> 귀한 장미뿐이었단 말이지요.
> **코리올란** 가르침 고맙소이다. 그런데 내게 중요한 것은, 지지표, 지지표
> 라오![54]

---

54 위의 책, 84~85쪽.

이처럼 브레히트는 셰익스피어가 묘사하는 것처럼 민중이 "성숙하지 못한 계급"이 아니라 "권력을 넘겨받을 수 있다"는 것을 보여준다.[55]

④ 사회적 유용성

4막 4장, 로마 근교의 볼스키군 진영에서 볼스키 군대가 코리올란의 지휘 아래 있는 가운데 아우피디우스는 자신의 권위와 명성이 추락하고 있다는 것을 인지하고 있다. 그러기에 그는 추방당한 코리올란을 포용한 시점부터 이미 가진 그의 계략을 드러낸다. "그가 로마를 취하면, 내가 그를 취한다(hat er Rom, dann hab ich ihn)."[56] 이것은 아우피디우스가 로마와 볼스키 국가 간의 대립에 있어 우위에 있는 전쟁영웅 코리올란에게 갖는 원래의 갈등에 기인한다. 이 로마와의 전쟁에서 결국은 있을 코리올란의 최종 몰락을 예견하고, 더불어 전쟁에서 평화의 자리로 옮기지 못한 그의 성품에 있는 추방 원인을 통찰하는 아우피디우스에게 브레히트는 다음과 같은 새로운 대사를 추가한다. "우리의 시대가 우리로부터 만드는 유용성에 우리의 가치가 달려 있다(unser Wert hängt ab von dem Gebrauch/Den unsre Zeit macht von uns)."[57] 그러

---

55 한국브레히트학회 편, 앞의 책, 453쪽.
56 GW. 6, 2497.
57 ibid., 2480.

니까 브레히트는 코리올란의 몰락이 시대가 필요로 하는 사회적 유용성에서 실패하는 데에 기인한다는 새로운 해석을 주는 것이다.

이 사회적 유용성은 5막 4장에 이르러 코리올란의 어머니 볼룸니아의 역할을 원작과는 달리 변형시킴으로써 더 구체적이게 된다. 셰익스피어는 그녀가 주인공에게 두 나라를 화해시켜달라는 해결책을 제시하지만, 브레히트는 그녀의 아들 방문이 민중에게 방어 태세를 준비할 시간을 벌어주게 하고, 정작 아들과의 만남에서 해결책을 제시하지 않게 한다. 그리고 로마가 항복하기를 기다리는 코리올란에게 어머니 볼룸니아는 "네가 행군해 들어온다면 떠났을 때의 로마가 아니라 아주 다른 로마일 것이다. 이제 너는 너 아니면 안 되는 그런 절대적인 인물이 아니다. 모두에게 끔찍한 위험으로 남아 있을 뿐이다."[58]라고 말할 뿐이다. 즉 로마는 이제 민중이 무기를 들고 방어하는 "아주 다른 로마"이기에 의사당에서 연기가 피어오르는 항복을 기다리지 말며, 아들이 더 이상 로마의 대체 불가능한 존재가 아니라는 사실을 전하는 것이다.

그러므로 브레히트의 코리올란의 회군은 원작처럼 효심에 호소하는 어머니의 권고에 의해서가 아니라, 자신이 더 이상 로마에 대체 불가능한 존재가 아니며, 다만 끔찍한 위험일 뿐이라는 점을 인식하는 것에 있다. 그래서 브레히트는 어머니와 여인들의 퇴장 후, 코리

---

58 『코리올란』, 173쪽.

올란이 '로마를 위한 어머니의 승리'에 대해 말하는 원작의 긴 대사를 삭제해버리고, "오, 어머니, 어머니! 오, 당신은 무엇을 하신 겁니까?(Oh, Mutter, Mutter! Oh! Was machtest du?)"[59]로 4장을 마무리한다. 한 영웅의 개인적인 비극은 "사회에 대한 개인의 유용성의 차원"[60]으로 재해석이 되면서 이렇게 사회적인 차원을 획득한다.

⑤ 새로운 사회로

브레히트의 〈코리올란〉은 그의 사회변혁 의지에 따라 원작을 변형시켰다. 변형의 핵심은 원작에서처럼 로마가 '코리올란의 회군으로 구원되는 것이 아니라, 로마가 자신을 구하고자 결심했기 때문에 코리올란이 회군하는 것'에 있다.[61] 브레히트는 셰익스피어의 고전이 보여주는 사회문제는 당대의 나치와 같은 독재 권력의 현실성을 가지고 있다고 보았고, 그래서 그의 개작은 민중의 태도를 긍정적으로 바꾸어 놓음으로써 사회문제의 해결을 끌어낸다. 그 이유에 대해 그는 다음과 같이 설명한다.

> 사회가 한 개인에게서 압력을 받아야 할 필연적 이유가 없는 것이다. 이 문제는 원칙적으로 해결 가능하고 사회는 자신을 지킬 수 있

---

59 GW. 6, p.2492.
60 한국브레히트학회 편, 앞의 책, 451쪽.
61 위의 책, 449쪽.

다. 즉 〈코리올란〉에서 평민들에게 남은 탈출구는 그들이 스스로를 수호하는 일이다.[62]

그리고 브레히트는 볼룸니아의 새로이 삽입된 대사를 통해 그녀가 어느 쪽의 승리이든 로마 귀족의 패배라는 것을 인정하게 한다.

우리는 […] 로마의 귀족이며 영광이다. 볼스키로부터 해방된다면 이는 로마의 폭도에게 감사해야 할 일이 될 것이고, 폭도에게서 해방 된다면 볼스키에게 감사할 일이 되겠구나.[63]

결국 귀족의 지배는 끝나고 민중의 권리는 관철된다. 곧 코리올란 의 몰락은 귀족의 몰락인 것이다. 브레히트는 헤겔의 변증법에서, 즉 사회의 대립하는 현상들이 불안정하고 유동적인 상태로 공존하는 모 순성에서 세계의 변화 가능성을 보았고, 마르크스주의에서 민중이 역 사의 주체가 되는 새로운 사회로의 변혁을 희망했다. 그의 〈코리올 란〉은 셰익스피어 원작의 "'평민에 반하는 경향'에 대항하고 로마의 역사를 '변증법적 · 유물론적' 관점에서 새롭게 '비판적'으로 평가"[64] 함으로써 동시대적 재의미화를 이룬다.

---

62 위의 책, 453쪽 재인용.

63 『코리올란』, 173쪽.

64 한국브레히트학회 편, 앞의 책, 453쪽.

국외 문헌 및 연구자료

Aristoteles, *Poetik*, übersetzt u. hrsg.v. Manfred Fuhrmann, Stuttgart(Reclam), 1982.

Balme, Christopher, *Einführung in die Theaterwissenschaft*, 2., überarb. Aufl., Berlin, 2001.

Bartscherer, Agnes, *Paracelsus, Paracelsisten und Goethes Faust*, Dortmumd, 1911.

Bayerdörfer, Hans−Peter, "Eindringlinge, Marionetten, Automaten: Symbolische Dramatik und die Anfänge des modernen Theaters", *Deutsche Literatur der Jahrhundertwende*, Victor Zmegac(Hg.), Koenigstein/TS, 1981, pp.191~216.

Beck, Wolfgang, *Chronik des europäischen Theaters: Von der Antike bis zur Gegenwart*, Stuttgart: Weimar, 2008.

Benjamin, Walter, *Über Sprache überhaupt und über die Sprache des Menschen*, Stuttgart(Reclam), 2019.

Borchmeyer, Dieter, *Das Theater Richard Wagners*: Idee−Dichtung−Wirkung, Stuttgart, 1982.

Brecht, Bertolt, *Gesammelte Werke in 20 Bänden*: Hg. v. Suhrkamp Verlag in Zusammenarbeit mit Elisabeth Hauptmann, Frankfurt/M, 1967.

Brincken u. Englhart, *Einführung in die moderne Theaterwissenschaft*, Darmstadt, 2008.

Braak, Ivo, *Gattungsgeschichte deutschsprachiger Dichtung in Stichworten*, Kiel, 1975.

Brauneck, Manfred, *Theater im 20. Jahrhundert*, Reinbek bei Hamburg, 1982.

Brockhaus, Die Enzyklopädie in 24 Bde., Leipzig/Mannheim, 2001.

Craig, Edward Gordon, *Towards a New Theatre*, London, 1913.

Curtius, E. R., *Europäische Literatur und lateinisches Mittelalter*, Bern, 1948.

Deutsche Dramaturgie — als Beispiel?, Dramaturgische Gesellschaft(Hg.), Berlin: Dramaturgische Gesellschaft, 1986.

Englhart, Andreas, *Das Theater der Gegenwart*, München, 2013.

Ewiges Theater: Salzburg und seine Festspiele, Erwin Kerber(Hg.), München, 1935.

Fischer-Lichte, E., *Kurze Geschichte des deutschen Theaters*, Tübingen; Basel; Francke, 1993.

Freytag, Gustav, *Die Technik des Dramas*, bearbeitet v. Manfred Plinke, Berlin, 2003.

Goethe, Johann Wolfgang, *Faust-Der Tragödie erster Teil*, Stuttgart(Reclam), 1983.

Hadamowsky, Franz, *Reinhardt und Salzburg*, Salzburg o.J.

Handbuch Drama: Theorie, Analyse, Geschichte, Peter W. Marx(Hg.), Stuttgart · Weimar, 2012.

Hiß, Guido, *Der theatralische Blick*, Berlin: Reimer, 1993.

Hoefert, Sigfrid, *Das Drama des Naturalismus*, 3. Aufl. Stuttgart, 1979.

Hoffmannsthal, Hugo von, *Erzählungen*, Frankfurt/M.: S.Fischer, 1986.

―――――――――――, *Festspiele in Salzburg*, Wien, 1952.

Hugo von Hoffmannsthal, Gesammelte Werke. Reden und Aufsätze II, 1914-1924. B. Schoeller/ R. Hirsch (Hg.), Frankfurt/M. 1979.

Hossner, Ulrich, *Erschaffen und Sichtbarmachen: Das theaterästhetische Wissen der his-*

torischen Avantgarde von Jarry bis Artaud, Bern; Frankfurt/M.; New York, 1983.

Jauß, H. R., *Literaturgeschichte als Provokation*, Frankfurt a. M. 1970.

Kim, Yun Geol, *Der Stellenwert Max Reinhardts in der Entwicklung des modernen Regietheaters*, Trier, 2006.

Knapp, Gerhard P., *Die Literatur des deutschen Expressionismus: Einführung-Bestandsaufnahme-Kritik*, München, 1979.

Lehmann, H.–Th., *Postdramatisches Theater*, Frankfurt/M., 1999.

Leonhard M. Fiedler, *Max Reinhardt*, Reinbeck bei Hamburg, 1975.

Lessing: Epoche, Werk, Wirkung, Wilfried Barner u. Gunter Grimm(Hg.), München, 1975.

Lessing, G.E., *Hamburgische Dramaturgie*, hrg. u. kommentiert v. Klaus L. Berghahn, Stuttgart, 1981.

Lunn, Eugene, *Marxism and Modernism*, University of California Press, 1982.

Maske und Kothurn, 16. Jg., Institut für Theaterwissenschaften an der Universitäten Wien(Hg.) Wien–Köln–Graz, 1970.

Max Reinhardt: Schriften, Briefe, Reden, Aufsätze, Interwiews, Gespräche, Auszüge aus Regiebüchern, Hugo Fetting(Hg.), Berlin, 1974.

Max Reinhardt: Sein Theater in Bildern, eingeleitet. v. Siegfried Melchinger, Salzburger Max–Reinhardt–Forschungsstätte(Hg.), Hannover u. Wien, 1968.

Metzler Lexikon Literatur, Dieter Burdorf, Christoph Fasbender, Burkhard Moennighoff(Hg.), Stuttgart/Weimar, 2007.

Metzler Lexikon. Theatertheorie, Erika Fischer–Lichte/Doris Kolesch/Matthias Warstat (Hg.), Stuttgart/Weimar, 2005.

Meyers Grosses Taschenlexikon, in 24 Bde., hrsg. u. bearb. v. Meyers Lexikonred., Mannheim; Wien; Zürich, 2., neubearb. Aufl., 1987.

Moderne Literatur in Grundbegriffe, Dieter Borchmeyer/Viktor Zmegac(Hg.), 2. Aufl. Tübingen 1994.

F. Nietzsche-Sämtliche Werke, Kritische Studienausgabe in 15 Bänden, Bd.12, G.Colli/M. Motinari(Hg.), München/Berlin/New York, (De Gruyter) 1980.

Nietzsche, Friedrich, *Die Geburt der Tragödie*, Stuttgart(Reclam), 1984.

Pächter, Heinz, *Paracelsus, Das Urbild des Doktor Faustus*, Zürich, 1955.

Passow, Wilfried, "Raumgestaltung und Raumregie in Max Reinhardts Inszenierungen von "Faust I"", *Etudes Germaniques*, 29. Jhg., Nr.1, 1974.

──────────, "Max Reinhardts "Faust" –Inszenierungen", *Faust-Blätter*, Halbjahresschrift der Faustgesellschaft, Heft 26, 1973.

Paul, Fritz, *August Strindberg*, Stuttgart, 1979.

Rorty, Richard, *The Linguistic Turn*. Essays in Philosophical Method, Chicago 1. A. 1967.

Rothmann, Kurt, *Kleine Geschichte der deutschen Literatur*, 5. Aufl., Stuttgart(Reclam), 1982.

Rühle, Günther, *Anarchie in der Regie?*, Frankfurt/M, 1982.

Shakespeare, William, *The tragedy of Coriolanus*, edited by R. B. Parker, Oxford University Press, New York, 2008.

Stegemann, Bernd, *Lektionen 1 Dramaturgie*, Berlin, 2009.

Szondi, Peter, *Theorie des moderne Dramas(1880-1950)*, Frankfurt/M.(Suhrkamp), 1965.

Theater als Paradigma der Moderne?, Christoph Balme/ E. Fischer–Lichte/ Stephan Grätzel (Hg.), Tübingen, 2003.

Theaterlexikon, Manfred Brauneck u. Gérard Schneilin(Hg.) Reinbek bei Hamburg, 3. Aufl., 1992.

Theater und Gesellschaft, Jürgen Hein(Hg.), Düsseldorf, 1973.

Theaterwissenschaft im deutschsprachigen Raum, Helmar Klier(Hg.), Darmstadt, 1981.

Wiener Zeitung, 1933.8.23.

Wittkowski, Wolfgang, "Zerstört das Regietheater die deutsche Literatur?", *Drama U. Theater im 20. Jh.: Festschrift für Walter Hinck*, Hans Dietrich Irmscher u. Werner Keller(Hg.), Göttingen, 1983, pp.469~482.

국내 문헌 및 연구자료

골드버그, 로스리, 『행위예술』, 심우성 역, 동문선, 1991.

김미기, 「니체, 바그너 그리고 그 역사적 의미」, 『니체연구』 제7집, 한국니체학회, 2005, 191~221쪽.

김용수, 『연극이론의 탐구―대립적인 시각들의 대화』, 서강대학교출판부, 2012.

김종대, 『독일 희곡 이론사』, 문학과 지성사, 1989(3쇄).

김형기, 「다매체 시대 연극의 탈영토화 : 연출가연극-춤연극-매체연극」, 『한국연극학』 34, 한국연극학회, 2008, 39~99쪽.

나병철, 『문학의 이해』, 문예출판사, 2000.

남상식, 「"인간과 예술"―아방가르드 연극운동과 새로운 연기의 방식 : 표현주의에서 바우하우스까지」, 『연극교육연구』 5권, 한국연극교육학회, 2000, 121~158쪽.

레싱, 『함부르크 연극론』, 윤도중 역, 지만지, 2009.

박기현, 『프랑스 문화와 상상력』, 살림출판사, 2013.

벤야민, 발터, 『언어 일반과 인간의 언어에 대하여/번역자의 과제 외』, 최성만

역, 길, 2008.

Brauneck, Manfred, 『20세기 연극—선언문, 양식, 개혁모델』, 김미혜 · 이경미 역, 연극과인간, 2000.

브레히트, 베르톨트, 『코리올란』, 이재진 역, 지만지, 2019.

『브레히트의 연극이론』, 송윤섭 외 역, 연극과인간, 2005.

셰익스피어, 『4대비극』, 정해근 역, 도서출판 성우, 1991.

─────, 『코리올라누스』, 신정옥 역, 전예원, 2008.

손디, 페터, 『현대 드라마의 이론(1880~1950)』, 송동준 역, 탐구당, 1983.

신동의, 『호모 오페라쿠스—바그너의 오페라 미학』, 철학과 현실사, 2008.

신현숙, 「메테를링크의 《맹인들》의 극작술과 일상의 비극성」, 『한국연극학』 23, 한국연극학회 2004, 107~141쪽.

─────, 『초현실주의 : 각 분야에 나타난 모험적 정신과 그 한국적 수용』, 동아 출판사, 1992.

스타이언, J.L., 『근대극의 이론과 실제1』, 원재길 역, 문학과비평사, 1988.

─────, 『표현주의 연극과 서사극』, 윤광진 역, 현암사, 1988.

─────, 『상징주의와 초현실주의 부조리극』, 원재길 역, 예하, 1992.

심재민, 「소포클레스의 〈안티고네(Antigone)〉와 브레히트의 〈안티고네 모델 1948년(Antigonemodell 1948)〉 연구 : 전통비극의 공연방식과 브레히 트의 개작방식」, 『브레히트와 현대연극』 11, 한국브레히트학회, 2003, 38~63쪽.

아리스토텔레스, 『시학』, 천병희 역, 문예출판사, 1993.

양혜숙, 「표현주의 연극의 이론과 상연」, 『한국연극학』 1, 한국연극학회, 1981, 91~109쪽.

엘거, 디트마, 『다다이즘』, 김금미 역, 마로니에북스, 2008.

엥글하르트, 안드레아스, 『post ‘60 현대독일연극』, 이경미 역, 연극과인간, 2017.

유형식, 『문학과 미학—의미의 탄생에서 의미의 사망까지』, 역락, 2005.

이경식, 『아리스토텔레스의 「시학」과 신고전주의』, 서울대학교 출판부, 1997.

이상엽, 「니체의 관점주의」, 『니체연구』 16, 한국니체학회, 2009, 99~128쪽.

이원양, 『브레히트 연구』, 두레, 1991.

──, 『독일 연극사 : 근세부터 현대까지』, 두레, 2002.

이인순, 「드라마투르그의 역할과 의미」, 『공연과 이론』 30, 공연과이론을위한 모임, 2008, 130~138쪽.

이정준, 「연작 드라마로서 교육극—그 본질과 내용」, 해사이상일교수정년기 념논문집간행위원회, 『서사극의 재발견』, 집문당, 1998, 97~117쪽.

인네스, 크리스토퍼, 『아방가르드 연극의 흐름 1892~1992』, 김미혜 역, 현대 미학사, 1997.

임한순 역주, 『브레히트 희곡선집 1·2』, 서울대학교 출판부, 2006.

입센, H., 『인형의 집·유령』, 김종빈 역, 삼중당, 1992,

장티, 질·우세, 로랑·주브, 세브린·티에보, 필리프·베르뉴, 프랑수아, 『상 징주의와 아르누보』, 신성림 역, 창해, 2002.

정병희, 『현대 프랑스 연극』, 민음사, 1995.

조창섭, 『독일 표현주의 드라마』, 서울대학교 출판부, 1991.

진중권, 『현대미학』, 아트북스, 2003.

Chadwick, Charles, 『象徵主義』, 박희진 역, 서울대학교 출판부, 1978.

타타르키비츠, W., 『미학의 기본 개념사』, 손효주 역, 도서출판 미술문화, 2011.

파비스, 빠트리스, 『연극학 사전』, 신현숙·윤학로 역, 현대미학사, 1999.

퐁텐, 다비드, 『시학』, 이용주 역, 동문선, 2001.

피란델로, 루이지, 『피란델로 대표희곡선』, 장지연 역, 생각의 나무, 2001.

호프만스탈, 『호프만스탈』, 곽복록 역, 지식공작소, 2001.

찾아보기

용어

인명

작품